元盱郡本孟子

漢 趙岐注 宋 孫奭音義

元盱郡重刊宋廖氏本

元岳氏本孝經

唐 唐玄宗注 唐 陸德明釋文

元岳氏荆谿家塾刻本

第一册

山東人民出版社·濟南

圖書在版編目（CIP）數據

元盱郡本孟子 /（漢）趙岐注；（宋）孫奭音義 . 元岳氏本孝經 /（唐）唐玄宗注；（唐）陸德明釋文 .— 濟南：山東人民出版社，2024.3
（儒典）
ISBN 978-7-209-14352-3

Ⅰ . ①元… ②元… Ⅱ . ①趙… ②唐… ③孫… ④陸… Ⅲ . ①《孟子》- 注釋 ②《孝經》- 注釋 Ⅳ . ① B222.52 ② B823.1

中國國家版本館 CIP 數據核字（2024）第 036107 號

項目統籌：胡長青
責任編輯：劉嬌嬌
裝幀設計：武　斌
項目完成：文化藝術編輯室

元盱郡本孟子
〔漢〕趙岐注　〔宋〕孫奭音義
元岳氏本孝經
〔唐〕唐玄宗注　〔唐〕陸德明釋文

主管單位　山東出版傳媒股份有限公司
出版發行　山東人民出版社
出 版 人　胡長青
社　　址　濟南市市中區舜耕路517號
郵　　編　250003
電　　話　總編室（0531）82098914
　　　　　市場部（0531）82098027
網　　址　http://www.sd-book.com.cn
印　　裝　山東華立印務有限公司
經　　銷　新華書店

規　　格　16開（160mm×240mm）
印　　張　36.5
字　　數　292千字
版　　次　2024年3月第1版
印　　次　2024年3月第1次
ISBN 978-7-209-14352-3
定　　價　86.00圓（全二册）
如有印裝質量問題，請與出版社總編室聯繫調换。

《儒典》選刊工作團隊

學術顧問　杜澤遜　李振聚　徐　泳

項目統籌　胡長青

責任編輯　劉　晨　劉嬌嬌　張艷艷

呂士遠　趙　菲　劉一星

前言

中國是一個文明古國、文化大國，中華文化源遠流長，博大精深。在中國歷史上影響較大的是孔子創立的儒家思想，因此整理儒家經典、注解儒家經典，爲儒家經典的現代化闡釋提供权威、典范、精粹的典籍文本，是推進中華優秀傳統文化創造性轉化、創新性發展的奠基性工作和重要任務。

中國經學史是中國學術史的核心，歷史上創造的文本方面和經解方面的輝煌成果，大量失傳了。西漢是經學的第一個興盛期，除了當時非主流的《詩經》毛傳以外，其他經師的注釋後來全部失傳了。東漢的經解祇有鄭玄、何休等少數人的著作留存下來，其餘也大都失傳了。南北朝至隋朝興盛的義疏之學，其成果僅有皇侃《論語疏》幸存於日本。五代時期精心校刻的《九經》、北宋時期國子監重刻的《九經》以及校刻的單疏本，也全部失傳。南宋國子監刻的單疏本，我國僅存《周易正義》、《爾雅疏》、《春秋公羊疏》（三十卷殘存七卷）、《春秋穀梁疏》（十二卷殘存七卷），日本保存了《尚書正義》、《毛詩正義》、《禮記正義》（七十卷殘存八卷）、《周禮疏》（日本傳抄本）、《春秋公羊疏》（日本傳抄本）、《春秋正義》（日本傳抄本）。南宋兩浙東路茶鹽司刻八行本，我國保存下來的有《周禮疏》、《禮記正義》、《春秋左傳正義》（紹興府刻）、《論語注疏解經》（二十卷殘存十卷）、《孟子注疏解經》（存臺北『故宫』），日本保存有《周易注疏》《尚書正義》（凡兩部，其中一部被清楊守敬購歸）。南宋福建刻十行本，我國僅存《春秋穀梁注疏》、《春秋左傳注疏》（六十卷，一半在大陸，一半在臺灣），日本保存有《毛詩注疏》《春秋左傳注疏》。從這些情況可以看出，經書代表性的早期注釋和早期版本國内失傳嚴重，有的僅保存在東鄰日本。

鑒於這樣的現實，一百多年來我國學術界、出版界努力搜集影印了多種珍貴版本，但是在系統性、全面性和準確性方面都還存在一定的差距。例如唐代開成石經共十二部經典，石碑在明代嘉靖年間地震中受到損害，明代萬曆初年西安府學等學校師生曾把損失的文字補刻在另外的小石上，立於唐碑之旁。近年影印出版唐石經拓本多次，都是以唐代石刻與明代補刻割裂配補的裱本爲底本。由於明代補刻采用的是唐碑的字形，這種配補本難以區分唐刻與明代補刻，不便使用，亟需單獨影印唐碑拓本。

爲把幸存於世的、具有代表性的早期經解成果以及早期經典文本收集起來，系統地影印出版，我們規劃了《儒典》編纂出版項目。

《儒典》出版後受到文化學術界廣泛關注和好評，爲了滿足廣大讀者的需求，現陸續出版平裝單行本。共收録一百十一種元典，共計三百九十七册，收録底本大體可分爲八個系列：經注本（以開成石經、宋刊本爲主。開成石經僅有經文，無注，但它是用經注本删去注文形成的）、經注附釋文本、纂圖互注本、單疏本、八行本、十行本、宋元人經注系列、明清人經注系列。

《儒典》是王志民、杜澤遜先生主編的。本次出版單行本，特請杜澤遜、李振聚、徐泳先生幫助酌定選目。特此説明。

二〇二四年二月二十八日

目録

第一册

元盱郡本孟子

元盱郡本孟子

（孟子題辭——孟子卷第八）

漢 趙岐注 宋 孫奭音義

元盱郡重刊宋廖氏本

孟子題辭　　趙氏

孟子題辭者所以題號孟子之書本末指義文辭之表也孟姓也子者男子之通稱也（稱）去聲此書孟子之所作也故摠謂之孟子其篇目則各自有名孟子鄒人也名軻字則未聞也鄒本春秋邾子之國至孟子時改曰鄒矣國近魯後爲魯所并（并）必正反又言邾爲楚所并非魯也今鄒縣是也或曰孟子魯公族孟

孫之後故孟子仕於齊喪母而歸葬於魯也。三桓子孫既以衰微分適他國孟子生有淑質夙喪其父幼被慈母三遷之教長師孔子之孫子思。（長張丈反）治儒術之道通五經尤長於詩書周衰之末戰國縱橫用兵爭強以相侵奪當世取士務先權謀以爲上賢先王大道陵遲隳廢。（隳許規反）異端竝起若楊朱墨翟放蕩之言。（翟音狄）以干時惑衆者非一孟子閔悼堯舜湯文周孔之業將遂湮微，正塗壅底，（○底音邸）仁義荒怠，佞僞馳騁，紅紫亂朱。於是則慕仲尼周流憂世，遂以儒道遊於諸侯，思濟斯民。然由不肯枉尺直尋，時君咸謂之迂闊於事，（○迂音紆，又音于）終莫能聽納其説。孟子亦自知遭蒼姬之訖録，值炎劉之未奮，進不得佐興唐虞雍熙之和，退不能信三代之餘風，（○信音伸）恥沒世而無聞焉，是故垂憲言以詒後人。

仲尼有云我欲託之空言不如載之行事之深切著明也於是退而論集所與高第弟子公孫丑萬章之徒難疑答問（難乃旦反）又自撰其法度之言著書七篇二百六十一章三萬四千六百八十五字包羅天地揆敍萬類仁義道德性命禍福粲然靡所不載帝王公侯遵之則可以致隆平頌清廟卿大夫士蹈之則可以尊君父立忠信守志厲操者儀之則

與期日。自來成之也經始勿亟。庶民子來言文王不督促使之亟疾也。衆民自來趣之。若子來爲父使也。○亟音棘。趣音趨。亦如字王在靈囿。麀鹿攸伏。麀鹿濯濯。白鳥鶴鶴。麀鹿。牝鹿也。言文王在此囿中。麀鹿懷任。安其所而伏。不驚動也。獸肥飽則濯濯。鳥肥飽則鶴鶴而澤好。○麀音憂。鶴詩作翯。戶角反王在靈沼。於牣魚躍文王在池沼。魚乃跳躍喜樂。言其德及鳥獸魚鼈也。○於如字。文公音烏文王以民力爲臺爲沼。而民歡樂之。謂其臺曰靈臺。謂其沼曰靈沼。樂。其有麋鹿魚鼈孟子爲王誦此詩。因曰。文王雖以民力築臺鑿池。民

由歡樂之。謂其臺沼若神靈之所爲。欲使其多禽獸以養文王者也

古之人與民偕樂。故能樂也

偕俱也。言古之賢君。與民共同其所樂。故能樂之

湯誓曰。時日害喪。予及女皆亡。

湯誓尚書篇名也。時是也。時乙卯日也。害大也。言桀爲無道。百姓皆欲與湯共伐之。湯臨士衆而誓之。言是日桀當大喪亡。我與女俱往亡之。○害如字。又音曷。文公音曷。喪去聲。女音汝

民欲與之皆亡。雖有臺池鳥獸。豈能獨樂哉

孟子説詩書之義。以感喩王。言民皆欲與湯共亡桀。雖有臺池禽獸。何能復獨樂之哉。復申明上言不賢若雖有此不樂也。章指言聖王之德。與民共樂。恩及鳥獸。則忻戴其上。大平化興。無道之

大道遂絀〔絀〕音黜逮至亡秦焚滅經術坑戮儒生孟子徒黨盡矣其書號爲諸子故篇籍得不泯絕漢興除秦虐禁開延道德孝文皇帝欲廣遊學之路論語孝經孟子爾雅皆置博士後罷傳記博士獨立五經而已訖今諸經通義得引孟子以明事謂之博文孟子長於譬喻辭不迫切而意已獨至其言曰說詩者不以文害辭不以辭害志以意逆志爲得之

矣斯言殆欲使後人深求其意以解其文不但拖於說詩也今諸解者往往摭取而說之其說又多乖異不同孟子以來五百餘載傳之者亦已衆多余生西京世尋丕祚有自來矣少蒙義方訓涉典文知命之際嬰戚于天遘屯離蹇詭姓遁身經營八紘之内十有餘年心勦形瘵（勦，子小反。絶也。瘵，側界反。病也。）何勤如焉嘗息肩弛擔於濟岱之間（擔，都濫反。）或有温故知新雅德君子。矜我劬瘁。睠我皓首。訪論稽古。慰以大道。余困吝之中。精神遐漂。○漂撫昭反靡所濟集。聊欲係志於翰墨。得以亂思遺老也。○亂治也。思去聲惟六籍之學。先覺之士。釋而辯之者。既已詳矣。儒家惟有孟子。閎遠微妙。縕奧難見。宜在條理之科。於是乃述己所聞。證以經傳。爲之章句。具載本文。章別其指。分爲上下。凡十四卷。究而言之。不敢以當達者。施於

新學。可以寤疑辯惑。愚亦未能審於是非。後之明者。見其違闕。儻改而正諸。不亦宜乎

盱郡重刊
廖氏善本

孟子卷第一

梁惠王章句上　　趙氏註

孟子見梁惠王孟子適梁魏惠王禮請孟子見之○梁惠王魏侯罃也罃音鸎王曰叟不遠千里而來亦將有以利吾國乎曰辭也叟長老之稱也猶父也孟子去齊老而之魏故王尊禮之曰父不遠千里之路而來至此亦將有可以爲寡人興利除害乎○爲于僞反下爲王爲其曰爲抑爲爲是故爲皆同孟子對曰王何必曰利亦有仁義而已矣孟子知王欲以富國强兵爲利故曰王何必以利爲名乎亦惟有仁義之道者可以

爲名。以利爲名。則有不利之患矣。因爲王陳之。王曰何。以利吾國。大夫曰何。以利吾家。士庶人曰何。以利吾身。上下交征利。而國危矣。征。取也。從王至庶人。故言上下交。爭。各欲利其身。必至於篡弒。則國危亡矣。論語曰。放於利而行。多怨。故不欲使王以利爲名也。又言交爲俱也。

萬乘之國。弒其君者。必千乘之家。萬乘。兵車萬乘。謂天子也。千乘。兵車千乘。謂諸侯也。夷羿之弒夏后。是以千乘取萬乘也。千乘之國。弒其君者。必百乘之家。天子建國。諸侯立家。百乘之家。謂大國之卿。食采邑有兵車百乘之賦者也。若齊崔。衛甯。晉六卿等。是以其終亦皆弒其

君此以百乘取千乘也上千乘當言國而言家者諸侯以國爲家亦以避萬乘稱國故稱家君臣上下之辭

萬取千焉千取百焉不爲不多矣周制君十卿祿君食萬鍾臣食千鍾亦多矣不爲不多矣

苟爲後義而先利不奪不饜苟誠也誠令大臣皆後仁義而先自利則不篡奪君位不足自饜飽其欲 饜一鹽反又於豔反文公於豔反

未有仁而遺其親者也未有義而後其君者也仁者親親義者尊尊人無行仁而遺棄其親行義而忽後其君者

王亦曰仁義而已矣何必曰利孟子復申此者重嗟歎其禍章指言治國之道明當以仁義爲名然後上下和親君

臣集穆。天經地義。不易之道。故以建篇立始也。〔復〕扶又反孟子見梁惠王。王立於沼上。顧鴻鴈麋鹿。曰。賢者亦樂此乎。沼。池也。王好廣苑囿。大池沼。與孟子遊觀。顧視禽獸之衆多。心以爲娛樂。夸咤孟子曰。賢者亦樂此乎。〔樂〕音洛。此卷同。〔咤〕丑嫁反孟子對曰。賢者而後樂此。不賢者雖有此。不樂也。惟有賢者然後乃得樂此耳。謂脩堯舜之道。國家安寧。故得有此以爲樂也。不賢之人。亡國破家。雖有此。當爲人所奪。故不得以爲樂也。詩云。經始靈臺。經之營之。庶民攻之。不日成之。詩大雅靈臺之篇也。言文王始經營規度此臺。衆民竝來治作之。不與期日。自來成之也。經始勿亟。庶民子來。言文王不督促使之亟疾也。衆民自來趣之。若子來爲父使也。○亟音棘。趣音趨。亦如字。王在靈囿。麀鹿攸伏。麀鹿濯濯。白鳥鶴鶴。麀鹿。牝鹿也。言文王在此囿中。麀鹿懷任。安其所而伏。不驚動也。獸肥飽則濯濯。鳥肥飽則鶴鶴而澤好。○麀音憂。鶴詩作翯。戶角反。王在靈沼。於牣魚躍。文王在池沼。魚乃跳躍喜樂。言其德及鳥獸魚鼈也。○於如字。文公音烏。文王以民力爲臺爲沼。而民歡樂之。謂其臺曰靈臺。謂其沼曰靈沼。樂其有麋鹿魚鼈。孟子爲王誦此詩。因曰文王雖以民力築臺鑿池。民由歡樂之。謂其臺沼若神靈之所爲。欲使其多禽獸以養文王者也。**古之人。與民偕樂。故能樂也。**偕。俱也。言古之賢君。與民共同其所樂。故能樂之。**湯誓曰。時日害喪。予及女皆亡。**湯誓。尚書篇名也。時。是也。時乙卯日也。害。大也。言桀爲無道。百姓皆欲與湯共伐之。湯臨士衆而誓之。言是日桀當大喪亡。我與女俱往亡之。○害如字。又音曷。文公音曷。喪去聲。女音汝。**民欲與之皆亡。雖有臺池鳥獸。豈能獨樂哉。**孟子說詩書之義。以感喻王。言民皆欲與湯共亡桀。雖有臺池禽獸。何能復獨樂之哉。復申明上言不賢者雖有此不樂也。章指言聖王之德。與民共樂。恩及鳥獸。則忻戴其上。大平化興。無道之君。衆怨神怒。則國滅祀絕。不得保守其所樂也。梁惠王曰。寡人之於國也。盡心焉耳矣。王侯自稱孤寡。言寡人於治國之政。盡心欲利百姓。焉耳者。懇至之辭。河內凶。則移其民於河東。移其粟於河內。河東凶亦然。言凶年以此救民也。魏舊在河東。後爲強國。兼得河內也。察鄰國之政。無如寡人之用心者。言鄰國之君。用心憂民。無如己也。鄰國之民不加少。寡人之民不加多。何也。王自怪爲政有此惠。而民人不增多於鄰國者。何也。孟子對曰。王好戰。請以戰喻。因王好戰。故以戰事喻解王意。塡然鼓之兵刃既接，棄甲曳兵而走。或百步而後止。或五十步而後止。以五十步笑百步，則何如？塡。鼓音也。兵以鼓進。以金退。孟子問王曰。今有戰者。兵刃已交。其負者棄甲曳兵而走。五十步而止。足以笑百步止者不。○塡音田曰：「不可。直不百步耳，是亦走也。」王曰。不足以相笑也。是人俱走。直爭不百步耳。○直如字。又音值曰：「王如知此，則無望民之多於鄰國也。孟子曰。王如知此。不足以相笑。王之政猶此也。王雖有移民轉穀之善政。其好戰殘民。與鄰國同。而獨望民之多。何異於以五十步笑百步者乎不違農時，穀不可勝食也從此已下。爲王陳王道也。使民得三時務農。不違奪其要時。則五穀饒穰。不可勝食○勝音升。下同數罟不入洿池。魚鼈不可勝食也。數罟密網也。密細之網。所以捕小魚鼈者也。故禁之不得用。魚不滿尺不得食。○數七欲反。又音朔。罟音古。洿音烏斧斤以時入山林。材木不可勝用也時。謂草木零落之時。使林木茂暢。故有餘穀與魚鼈不可勝食。材木不可勝用。是使民養生喪死無憾也憾恨也。民所用者足。故無恨。○喪如字養生喪死無憾。王道之始也王道先得民心。民心無恨。故言王道之始五畝之宅。樹之以桑。

五十者可以衣帛矣廬井邑居各二畝半以爲宅冬入保城二畝半故爲五畝也樹桑牆下古者年五十乃衣帛矣○（衣）於既反雞豚狗彘之畜無失其時七十者可以食肉矣言孕字不失時也七十不食肉不飽○（畜）文公許六反百畝之田勿奪其時數口之家可以無飢矣一夫一婦耕耨百畝百畝之田不可以徭役奪其時功則家給人足農夫上中下所食多少各有差故總言數口之家也○（數）色主反謹庠序之教申之以孝悌之義頒白者不負戴於道路矣庠序者教化之宮也殷曰序周曰庠謹脩教化申重孝悌之義頒者

斑也頭半白斑斑然者也。壯者代老。心各安之。故斑白者不負戴也七十者衣帛食肉。黎民不飢不寒。然而不王者。未之有也言百姓老稚溫飽。禮義脩行。積之可以致王也。孟子欲以風王。何不行此。可以王天下。有率土之民。何但望民多於鄰國。○王去聲。下以意讀狗彘食人食而不知檢。塗有餓莩而不知發言人君但養犬彘。使食人食。而不知以法度檢斂也。塗道也。餓死者曰莩。詩曰。莩有梅。莩零落也。道路之傍有餓死者。不知發倉廩以用賑救之也。○莩平表反人死則曰非我也歲也。是何異於刺人而殺之。曰非我也兵也人死。謂餓

疫死者也。王政使然。而曰非我殺之。歲殺之也。此何以異於用兵殺人。而曰非我也。兵自殺之也。○刺七亦反。又七四反

王無罪歲。斯天下之民至焉。戒王無歸罪於歲。責己而改行。則天下之民皆可致也。章指言王化之本。在於使民養生喪死之用備足。然後導之以禮義。責己矜窮。則斯民集矣。○行下孟反

梁惠王曰。寡人願安承教。願安意承受孟子之教令

孟子對曰。殺人以梃與刃。有以異乎。梃。杖也。○梃徒頂反

曰。無以異也。王曰。梃刃殺人。無以異也

以刃與政。有以異乎。孟子欲以政喻王

曰。無以異也。王復曰。政殺人無以異也

曰。庖有肥肉。廄

有肥馬。民有飢色。野有餓莩。此率獸而食人也。孟子言人君如此。爲率禽獸以食人也獸相食且人惡之。爲民父母行政。不免於率獸而食人。惡在其爲民父母也。虎狼食禽獸。人猶尚惡視之。牧民爲政。乃率禽獸食人。安在其爲民父母之道也。○惡之。烏路反。惡在。音烏。猶安也。下惡乎定。惡知。皆同仲尼曰。始作俑者。其無後乎。爲其象人而用之也。如之何其使斯民飢而死也。俑。偶人也。用之送死。仲尼重人類。謂秦穆公時以三良殉葬。本由有作俑者也。夫。惡其始造。故曰。此人其無後嗣乎。如之何其使此

民飢而死邪。孟子陳此以教王愛民。章指言王者爲政之道。生民爲首。以政殺人。人君之咎。猶以白刃。疾之甚也。○俑音勇

梁惠王曰：晉國天下莫強焉，叟之所知也。韓。魏。趙。本晉六卿。當此時號三晉。故惠王言晉國。天下強也。及寡人之身，東敗於齊，長子死焉；西喪地於秦七百里；南辱於楚。寡人恥之，願比死者壹洒之，如之何則可？王念有此三恥。求策謀於孟子。○長張丈反。下長上。長者。皆同。比文公必二反。洒音洗

孟子對曰：地方百里而可以王。言古聖人以百里之地。以致王天下。謂文王也。王如施仁政

於民。省刑罰。薄稅斂。深耕易耨。壯者以暇日。脩其孝悌忠信。入以事其父兄。出以事其長上。可使制梃以撻秦楚之堅甲利兵矣。易耨芸苗令簡易也。制。作也。王如行此政。可使國人作杖。以捶敵國堅甲利兵。何患恥之不雪也。○省所梗反斂力劒反易以豉反耨奴豆反彼奪其民時。使不得耕耨。以養其父母。父母凍餓。兄弟妻子離散。彼陷溺其民。王往而征之。夫誰與王敵。彼。謂齊秦楚也。彼困其民。願王往征之也。彼失民心。民不爲用。夫誰與共禦王之師。爲王敵乎。○養餘亮

反

故曰。仁者無敵。王請勿疑。鄰國暴虐。己脩仁政。則無敵矣。王請行之。勿有疑也。章指言以百里行仁。天下歸之。以政傷民。民樂其亡。以梃服强。仁與不仁也。

孟子見梁襄王。出語人曰。望之不似人君。襄。謚也。梁之嗣王也。望之無儼然之威儀也。○語魚據反。下同。襄王。惠王子。名赫。

就之而不見所畏焉。就與之言。無人君操秉之威。知其不足畏。卒然問曰。天下惡乎定。卒暴問事。不由其次也。問天下安所定。言誰能定之。○卒七沒反。

吾對曰。定于一。孟子謂仁政為一也。孰能一之。言孰能一之者。對曰。不嗜殺人者能一之。嗜猶甘也。言今

諸侯有不甘樂殺人者。則能一之

孰能與之王言誰能與不嗜殺人者乎

對曰。天下莫不與也。孟子曰。時人皆苦虐政。如有行仁。天下莫不與之

王知夫苗乎。七八月之間旱。則苗槁矣。天油然作雲。沛然下雨。則苗浡然興之矣。其如是。孰能禦之。以苗生喻人歸也。周七八月。夏之五六月。油然。興雲之貌。沛然下雨。以潤槁苗。則浡然已盛。孰能止之。○槁音考。沛普蓋反。浡音勃

今夫天下之人牧。未有不嗜殺人者也。如有不嗜殺人者。則天下之民皆引領而望之矣。誠如是也。

民歸之由水之就下沛然誰能禦之今天下牧民之君誠能行此仁政民皆延頸望欲歸之如水就下沛然而來誰能止之章指言定天下者一道而已不貪殺人人則歸之是故文王視民如傷此之謂也○由與猶同齊宣王問曰齊桓晉文之事可得聞乎宣諡也宣王問孟子欲庶幾齊桓公小白晉文公重耳孟子冀得行道故仕於齊不用而去乃適於梁建篇先梁者欲以仁義首篇因言魏事章次相從然後道齊之事也○宣王姓田氏名辟彊孟子對曰仲尼之徒無道桓文之事者是以後世無傳焉臣未之聞也孔子之門徒頌述宓戲以來至文武周公

之法制耳。雖及五霸。心賤薄之。是以儒家後世無欲傳道之者。故曰。臣未之聞也。**無以則王乎**既不論三皇五帝。殊無所問。則尚當問王道耳。不欲使王問霸事也**曰。德何如則可以王矣**王曰。德行當何如而可得以王乎**曰。保民而王。莫之能禦也**保。安也。禦。止也。言安民則惠。黎民懷之。若此以王。無能止也**曰。若寡人者。可以保民乎哉**王自恐德不足以安民。故問之**曰。可**孟子以爲如王之性。可以安民也**曰。何由知吾可也**王問孟子。何以知吾可以安民**曰。臣聞之胡齕曰。王坐於堂上。有牽牛而過堂下者。王見之。曰。牛**

何之對曰將以釁鐘王曰舍之吾不忍其觳觫若無罪而就死地對曰然則廢釁鐘與曰何可廢也以羊易之不識有諸胡齕王左右近臣也觳觫牛當到死地處恐貌新鑄鐘殺牲以血塗其釁郄因以祭之曰釁周禮大祝曰墮釁逆牲逆尸令鐘鼓天府上春釁寶鐘及寶器孟子曰臣受胡齕言王嘗有此仁不知誠有之否○齕恨没反釁許覲反舍音捨觳觫音斛速與音餘下何與心與聞與甚與口與體與目與前與皆同墮許規反

曰有之王曰有之曰是心足以王矣

百姓皆以王爲愛也臣固知王之不忍也愛嗇

也。孟子曰。王推是仁心。足以至於王道。然百姓皆謂王嗇愛其財。臣知王見牛恐懼。不欲趨死。不忍。故易之也。

王曰。然。誠有百姓者。齊國雖褊小。吾何愛一牛。即不忍其觳觫。若無罪而就死地。故以羊易之也。

王曰。亦誠有百姓所言者矣。吾國雖小。豈愛惜一牛之財費哉。即見其牛哀之。釁鍾又不可廢。故易之以羊耳。

曰。王無異於百姓之以王爲愛也。以小易大。彼惡知之。王若隱其無罪而就死地。則牛羊何擇焉。

異。怪也。隱。痛也。孟子言無怪百姓之謂王愛財也。見王以小易大故也。王如痛其無罪。羊亦無罪。何爲獨釋牛而取羊王笑曰。是誠何心哉。我非愛其財。而易之以羊也。宜乎百姓之謂我愛也。王自笑心不然而不能自免爲百姓所非。乃責己之以小易大。故曰宜乎其罪我也曰。無傷也。是乃仁術也。見牛未見羊也。君子之於禽獸也。見其生。不忍見其死。聞其聲。不忍食其肉。是以君子遠庖廚也孟子解王自責之心曰。無傷於仁。是乃王爲仁之道也。王時未見羊。羊之爲牲次於牛。故用之耳。是以君子遠庖廚。不欲見其生。食其肉也。○遠于萬反王說。曰。詩云。他人有心。予忖度之。夫子之謂也。夫我乃行之，反而求之，不得吾心。夫子言之，於我心有戚戚焉。此心之所以合於王者，何也？（詩小雅巧言之篇也。王喜悅，因稱是詩以嗟嘆孟子忖度知己心。戚戚然，心有動也。寡人雖有是心，何能足以王也。○說音悅。度音鐸。下除度然、度丈餘皆同。）曰：有復於王者曰：吾力足以舉百鈞，而不足以舉一羽；明足以察秋豪之末，而不見輿薪。則王許之乎？（復，白也。許，信也。人有白王如此，王信之乎？百鈞，三千斤也。）曰：否。（王曰：我不信也。）今恩足以及禽獸，而功不至於百姓者獨何與然則一羽之不舉爲不用力焉輿薪之不見爲不用明焉百姓之不見保爲不用恩焉故王之不王不爲也非不能也孟子言王恩及禽獸而不安百姓若不用力不用明者也不爲耳非不能也。〔爲〕不文公去聲

曰不爲者與不能者之形何以異王問其狀何以異也

曰挾大山以超北海語人曰我不能是誠不能也爲長者折枝語人曰我不能是不爲也非不能也故王之不王非挾大山以超北

海之類也。王之不王。是折枝之類也孟子爲王陳爲與不爲之形若是。王則不折枝之類也。折枝。按摩。折手節。解罷枝也。少者恥見役。故不爲耳。非不能也。大山北海皆近齊。故以爲喻也〇挾音協折之舌反。陸善經云。折枝。折草樹枝罷音疲老吾老。以及人之老。幼吾幼。以及人之幼。天下可運於掌老猶敬也。幼猶愛也。敬我之老。亦敬人之老。愛我之幼。亦愛人之幼。推此心以惠民。天下可轉之掌上。言易也詩云。刑于寡妻。至于兄弟。以御于家邦。言舉斯心。加諸彼而巳詩大雅思齊之篇也。刑。正也。寡。少也。言文王正己適妻。則八妾從。以及兄弟。御。享也。

享天下國家之福。但舉己心。加於人耳。㊣御如字。鄭箋詩云。治也故推恩足以保四海。不推恩無以保妻子。古之人所以大過人者。無他焉。善推其所爲而已矣大過人者。大有爲之君也。善推其心所好惡。以安四海也今恩足以及禽獸而功不至於百姓者。獨何與復申此言。非王不能。不爲之耳權然後知輕重。度然後知長短。物皆然。心爲甚。王請度之權。銓衡也。可以稱輕重。度。丈尺也。可以量長短。凡物皆當稱度乃可知。心當行之。乃爲仁。心比於物。尤當爲之甚者也。欲使王度心如度物也抑王興甲兵。危士臣。構怨於諸侯。然後快於心與。抑辭也。孟子問王。抑亦如是乃快邪。王曰。否。吾何快於是。將以求吾所大欲也。王言不然。我不快是也。將欲以求我心所大欲者耳。曰。王之所大欲。可得聞與。孟子雖心知王意。而故問者。欲令王自道。緣以陳之。王笑而不言。王意大。而不敢正言。曰。為肥甘不足於口與。輕煖不足於體與。抑為采色不足視於目與。聲音不足聽於耳與。便嬖不足使令於前與。王之諸臣。皆足以供之。而王豈為是哉。

孟子復問此五者。欲以致王所欲也。故發異端以問也。○爲文公並去聲。下不爲同。便婢緜反。嬖音臂。曰。否。吾不爲是也。王言我不爲是也。曰。然則王之所大欲可知已。欲辟土地。朝秦楚。莅中國而撫四夷也。莅。臨也。言王意欲庶幾王者莅臨中國而安四夷者也。○辟音闢。以若所爲。求若所欲。猶緣木而求魚也。若。順也。順嚮者所爲。謂構兵諸侯之事。求順今之所欲莅中國之願。其不可得。如緣喬木而求生魚也。王曰。若是其甚與。王謂比之緣木求魚爲太甚。曰。殆有甚焉。緣木求魚。雖不得魚。無後災。以若所爲求若所欲盡心力而爲之後必有災孟子言盡心戰鬬必有殘民破國之災故曰殆有甚於緣木求魚者也曰可得聞與王欲知其害也曰鄒人與楚人戰則王以爲孰勝言鄒小楚大也曰楚人勝王曰楚人勝也曰然則小固不可以敵大寡固不可以敵衆弱固不可以敵強海內之地方千里者九齊集有其一以一服八何以異於鄒敵楚哉固辭也言小弱固不如強大集會齊地可方千里譬一州耳今欲以王一州服八州猶鄒欲敵楚蓋亦反其本矣欲

服之之道。蓋當反王道之本

今王發政施仁。使天下仕者皆欲立於王之朝。耕者皆欲耕於王之野。商賈皆欲藏於王之市。行旅皆欲出於王之塗。天下之欲疾其君者。皆欲赴愬於王。其若是。孰能禦之。

反本道。行仁政。若此則天下歸之。誰能止之者。（賈）音古（愬）音訴

王曰。吾惛。不能進於是矣。願夫子輔吾志。明以教我。我雖不敏。請嘗試之。

王言我情思惛亂。不能進行此仁政。不知所當施行也。欲使孟子明言其道以教訓之。我雖不敏。願嘗使少行之也。（惛）

音昏

曰。無恒產而有恒心者。惟士爲能。若民則無恒產。因無恒心。孟子爲王陳其法也。恒常也。產生也。恒產則民常可以生之業也。恒心。人常有所善心也。惟有學士之心者。雖窮不失道。不求苟得耳。凡民迫於飢寒。則不能守其常善之心。○恒文公胡登反

苟無恒心。放辟邪侈。無不爲已。及陷於罪。然後從而刑之。是罔民也。民誠無恒心。放溢辟邪。侈於姦利。犯罪觸刑。無所不爲。乃就刑之。是由張羅罔以罔民者也。○辟音僻。侈尺氏反

焉有仁人在位。罔民而可爲也。安有仁人爲君。罔陷其民。是政何可爲也。○焉於虔反

是故明君

制民之產，必使仰足以事父母，俯足以畜妻子，樂歲終身飽，凶年免於死亡；然後驅而之善，故民之從之也輕。言衣食足，知榮辱，故民從之，教化輕易也。○畜，許六反，下同。今也制民之產，仰不足以事父母，俯不足以畜妻子，樂歲終身苦，凶年不免於死亡。此惟救死而恐不贍，奚暇治禮義哉？言今民困窮，救死恐凍餓而不給，何暇脩禮行義也。王○治，文公平聲，凡為理物之義者放此。欲行之，則盍反其本矣。五畝之宅，樹之以桑，五十者可以衣帛矣雞豚狗彘之畜無失其時七十者可以食肉矣百畝之田勿奪其時八口之家可以無飢矣謹庠序之教申之以孝悌之義頒白者不負戴於道路矣老者衣帛食肉黎民不飢不寒然而不王者未之有也

其説與上同八口之家次上農夫也孟子所以重言此者乃王政之本常生之道故為齊梁之君各具陳之當章究義不嫌其重也章指言典籍攸載帝王道純桓文之事譎正相紛撥亂反正聖意弗珍故曰後世無傳未聞仁不施人猶不成德釁鍾易牲民不被

澤。王請嘗試。欲踐其跡。荅以反本。惟是爲要。此蓋孟子不屈道之言也

孟子卷第一

盱郡重刊
廖氏善本

孟子卷第二

梁惠王章句下

莊暴見孟子曰暴見於王王語暴以好樂暴未有以對也曰好樂何如莊暴齊臣也不能決知之故無以對而問曰王好樂何如○暴見賢遍反下他日見同語音御下同好呼報反卷內同

孟子曰王之好樂甚則齊國其庶幾乎王誠能大好古之樂齊國其庶幾治乎

他日見於王曰王嘗語莊子以好樂有諸孟子問王有是語不王變乎色曰寡人非能

好先王之樂也。直好世俗之樂耳。變乎色。慍恚莊子道其好樂樂也。王言我不能好先王之樂也。直好世俗之樂。謂鄭聲也。曰。王之好樂甚。則齊其庶幾乎。今之樂猶古之樂也。甚。大也。謂大要與民同樂。古今何異也。曰。可得聞與。王問古今同樂之意。寧可得聞邪。曰。獨樂樂。與人樂樂。孰樂。孟子復問王獨自作樂樂邪。與人共聽樂樂也。○樂樂上音岳。下音洛。下皆同。孰樂音洛。曰。不若與人。王曰。獨聽樂。不如與衆共聽之樂也。曰。與少樂樂。與衆樂樂。孰樂。孟子復問王與少人共聽樂樂邪。與衆人共聽樂樂也。曰。不若與衆王言不若與衆人共聽樂樂也臣請爲王言樂孟子欲爲王陳獨樂與衆人樂之狀○爲于僞反○下同今王鼓樂於此百姓聞王鐘鼓之聲管籥之音舉疾首蹙頞而相告曰吾王之好鼓樂夫何使我至於此極也父子不相見兄弟妻子離散鼓樂者樂以鼓爲節也管笙籥簫或曰籥若笛短而有三孔詩云左手執籥以節衆也疾首頭痛也蹙頞愁貌言王擊鼓作樂發賦徭役皆出於民而德不加之故使百姓愁○蹙子六反頞音遏今王田獵於此百姓聞王車馬之音見羽旄之美舉疾首蹙

頞而相告曰吾王之好田獵夫何使我至於此極也父子不相見兄弟妻子離散此無他不與民同樂也田獵無節以非時取牲也羽旄之美但飾羽旄使之美好也發民驅獸供給役使不得休息故民窮極而離散奔走也今王鼓樂於此百姓聞王鍾鼓之聲管籥之音舉欣欣然有喜色而相告曰吾王庶幾無疾病與何以能鼓樂也百姓欲令王康強而鼓樂也今無賦斂於民而有惠益故欣欣然而喜也今王田獵於此百姓聞王車馬之音見羽

旄之美。舉欣欣然有喜色而相告曰吾王庶幾無疾病與。何以能田獵也。此無他。與民同樂也。王以農隙而田。不妨民時。有愍民之心。因田獵而加撫恤之。是以民悅也。今王與百姓同樂。則王矣。孟子言王何故不大好樂。效古賢君與民同樂。則可以王天下也。何惡莊子之言王好樂也。章指言人君田獵以時。鐘鼓有節。發政行仁。民樂其事。則王道之階。在於此矣。故曰。天時不如地利。地利不如人和矣。

齊宣王問曰。文王之囿方七十里。有諸。王言聞文王苑囿方七十里。寧有之。孟子對曰。於傳有之。於傳文有是言。○傳直戀反曰。若是其大乎王怪其大曰。民猶以爲小也言文王之民。尚以爲小也曰。寡人之囿。方四十里。民猶以爲大。何也王以爲文王在岐豐時。雖爲西伯。土地尚狹。而囿以大矣。今我地方千里而囿小之。民以爲寡人囿大。何故也曰。文王之囿。方七十里。芻蕘者往焉。雉兔者往焉。與民同之。民以爲小。不亦宜乎芻蕘者。取芻薪之賤人也。雉兔。獵人取雉兔者。言文王聽民往取禽獸。刈其芻薪。民苦其小。是其宜也○蕘音饒臣始至於境。問國之大禁。然後敢入言王之政嚴刑重也臣聞郊關之內。有囿方四十里。殺其麋鹿者。如殺人之罪。郊關。齊四境之郊皆有關。則是方四十里爲阱於國中。民以爲大。不亦宜乎。設陷阱者。不過丈尺之間耳。今王陷阱乃方四十里。民苦其大。不亦宜乎。章指言譏王廣囿專利。嚴刑陷民也。○阱才性反

齊宣王問曰。交鄰國有道乎。問與鄰國交接之道。孟子對曰。有。欲爲王陳古聖賢之比。惟仁者爲能以大事小。是故湯事葛。文王事混夷。葛伯放而不祀。湯先助之祀。詩云。昆夷兌矣。惟其喙矣。謂文王也。是則聖人行仁政。能以大事小者也。○混音昆。惟智者爲能以小事

大。故大王事獯鬻。句踐事吳。獯鬻北狄彊者。今匈奴也。大王去邠。避獯鬻。越王句踐退於會稽。身自官事吳王夫差。是則智者用智。是故以小事大而全其國也。○大王。音泰。後大師大王皆放此。獯鬻上音熏。下音育。夏曰獯鬻。商曰鬼方。周曰獫狁。秦漢曰匈奴。魏曰突厥。句古侯反以大事小者。樂天者也。以小事大者。畏天者也。樂天者保天下。畏天者保其國。詩云。畏天之威。于時保之。聖人樂天行道。如天無不蓋也。故保天下。湯文是也。智者量時畏天。故保其國。大王句踐是也。詩周頌我將之篇。言成王尚畏天之威。於是時故能安其太平之道也。○樂音洛王曰大哉言矣寡人有疾寡人好勇王謂孟子之言大。不合於其意。荅之云。寡人有疾。疾於好勇。不能行聖賢之所履也。對曰王請無好小勇夫撫劍疾視曰彼惡敢當我哉此匹夫之勇敵一人者也疾視。惡視也。撫劍瞋目曰。人安敢當我哉。此一夫之勇。足以當一人之敵者也。惡音烏王請大之詩云王赫斯怒爰整其旅以遏徂莒以篤周祜以對于天下此文王之勇也文王一怒而安天下之民詩大雅皇矣之篇也。言文王赫然斯怒。於是整其師旅。以遏止往伐莒者。以篤周家之福。以揚名於一天下。文王一怒而安民。願王慕其大勇。無論匹夫之小勇書曰。天降下民。作之君。作之師。惟曰其助上帝寵之。四方有罪無罪。惟我在天下曷敢有越厥志書。尚書逸篇也。言天生下民。爲作君。爲作師。以助天光寵之也。四方善惡皆在己。所謂在予一人。天下何敢有越其志者也一人衡行於天下。武王恥之。此武王之勇也衡。橫也。武王恥天下一人有橫行不順天道者。故伐紂也。○(衡)音橫而武王亦一怒而安天下之民。今王亦一怒而安天下之民。民惟恐王之不好勇也孟子言武王好勇。亦則文王一怒而安天下之民也。今王好勇。亦則武王一怒而安天下之民。民恐王之不好勇耳。王何爲欲小勇。而自謂有疾也。章指言聖人樂天。賢者知時。仁必有勇。勇以討亂而不爲暴。則百姓安之

齊宣王見孟子於雪宮。王曰。賢者亦有此樂乎雪宮。離宮之名也。宮中有苑囿臺池之飾。禽獸之饒。王自多有此樂。故問曰。賢者亦能有此樂乎

孟子對曰。有人不得。則非其上矣。不得而非其上者非也。爲民上而不與民同樂者。亦非也有人不得。人有不得志者也。不責己仁義不自脩。而責上之不用己。此非君子之道。人君適情從欲。獨樂其身。而不與民同樂。

亦非在上不驕之義也。從音縱

樂民之樂者。民亦樂其樂。憂民之憂者。民亦憂其憂。言民之所樂。君與之同。故民亦樂使其君有樂也。民之所憂者。君助憂之。故民亦能憂君之憂。爲之赴難也。樂以天下。憂以天下。然而不王者。未之有也。言古賢君樂則以己之樂與天下同之。憂則以天下之憂與己共之。如是未有不王者。孟子以是荅王者。言雖有此樂。未能與人共之。

昔者齊景公問於晏子曰。吾欲觀於轉附朝儛。遵海而南。放于琅邪。吾何脩而可以比於先王觀也。孟子言往者齊景公嘗問其相晏子若此也。轉附。朝儛皆山名也。又言朝水名也。遵。循也。放。至也。循海而南至于琅邪。琅邪齊東南境上邑也。當何脩治可以比先王之觀遊乎。先王。先聖之王也。○朝文公音潮。儛音舞。放方往反。觀也。音貫。亦如字。晏子對曰。善哉問也。天子適諸侯曰巡狩。巡狩者巡所守也。諸侯朝於天子曰述職。述職者述所職也。無非事者。春省耕而補不足。秋省斂而助不給。言天子諸侯出。必因王事有所補助於民。無非事而空行者也。春省耕問耒耜之不足。秋省斂。助其力不給也。○省息井反。下同。夏諺曰。吾王不遊。吾何以休。吾王不豫。吾何以助。一遊一豫。爲諸侯度晏子道夏禹之世。民之諺語也。言王者巡狩觀民。其行從容。若遊若豫。豫亦遊也。春秋傳曰。魯季氏有嘉樹。晉范宣子豫焉。吾王不遊。我何以得見勞苦蒙休息也。吾王不豫。我何以得見振贍助不足也。王者一遊一豫。行恩布德。應法而出。可以爲諸侯之法度也今也不然。師行而糧食。飢者弗食。勞者弗息。睊睊胥讒。民乃作慝今也者。晏子言今時天下之民。人君興師行軍。皆遠轉糧食而食之。有飢不得飽食。勞者致重亦不得休息。在位者又睊睊側目相視。更相讒惡。民由是化之。而作慝惡也。○睊古縣反慝吐得反方命虐民。飲食若流。流連荒亡。爲諸侯憂方猶放也。放棄不用先王之命。但爲虐民之政。恣意飲食。若水流之無窮極也。謂沉湎于酒。熊蹯不熟。怒而殺人之類也。流連荒亡。皆驕君之溢行也。言王道虧。諸侯行霸。由當相匡正。故爲諸侯憂也。○蹯音煩從流下而忘反謂之流。從流上而忘反謂之連。從獸無厭謂之荒。樂酒無厭謂之亡。先王無流連之樂。荒亡之行。惟君所行也言驕君放遊。無所不爲或浮水而下。樂而忘反。謂之流。若齊桓與蔡姬乘舟於囿之類也。連者引也。使人徒引舟船。上行而忘反以爲樂。故謂之連。書曰。罔水行舟。丹朱慢遊。無水而行舟。豈不引舟於水而上行乎。此其類也。從獸無厭。若羿之好田獵。無有厭極。以亡其身。故謂之荒亂也。樂酒無厭。若殷紂以酒喪國。也。故謂之亡。言聖人之行。無此四者。惟君所欲行也。晏子之意。不欲使景公空遊於琅邪而無益於民也。〔厭〕平聲

景公說。大戒於國。出舍於郊。於是始興發補不足。景公說晏子之言也。戒。備也。大脩戒備於國。出舍於郊。示憂民困。始興惠政。發倉廩以振貧下不足者也。〔說〕音悅。下同

召大師曰。為我作君臣相說之樂。蓋徵招角招是也。大師樂師也。徵招角招。其所作樂章名也。〔徵〕陟里反〔招〕音韶。下同

其詩曰。畜君何尤。畜君者。好君也。其詩。樂詩也。言臣說君。謂之好君。何尤者。無過

也。孟子所以道晏子景公之事者。欲以感喻宣王。非其矜夸雪宮。而欲以若賢者。章指言與天下同憂者。不爲慢遊之樂。不循四溢之行。是以文王不敢盤于遊田也。○畜許六反

齊宣王問曰。人皆謂我毀明堂。毀諸。已乎。謂泰山下明堂。本周天子東巡狩朝諸侯之處也。齊侵地而得有之。人勸宣王諸侯不用明堂。可毀壞。故疑而問於孟子。當毀之乎。已。止也。孟子對曰。夫明堂者。王者之堂也。王欲行王政。則勿毀之矣。言王能行王道者。則可無毀也。王曰。王政可得聞與。王言王政當何施。其法寧可得聞。對曰。昔者文王之治岐也。耕者九一。仕

者世祿。關市譏而不征。澤梁無禁。罪人不孥。言往者文王爲西伯時。始行王政。使岐民脩井田。八家耕八百畝。其百畝者。以爲公田及廬井。故曰九一也。紂時稅重。文王復行古法也。仕者世祿。賢者子孫必有土地。關以譏難非常。不征稅也。陂池魚梁不設禁。與民共之也。孥。妻子也。詩云。樂爾妻孥。罪人不孥。惡惡止其身。不及妻子也。○孥音奴。難乃旦反。惡惡上烏路反。下如字。老而無妻曰鰥。老而無夫曰寡。老而無子曰獨。幼而無父曰孤。此四者天下之窮民而無告者。文王發政施仁。必先斯四者。言此四者。皆天下之窮民。文王常恤鰥寡。

存孤獨也詩云哿矣富人哀此煢獨詩小雅正月之篇哿可也詩人言居今之世可矣富人但憐愍此煢獨羸弱者耳文王行政如此也○哿工可反煢音瓊王曰善哉言乎善此王政之言曰王如善之則何爲不行孟子言王如善此王政則何爲不行也王曰寡人有疾寡人好貨王言我有疾疾於好貨故不能行對曰昔者公劉好貨詩云乃積乃倉乃裹餱糧于槖于囊思戢用光弓矢斯張干戈戚揚爰方啓行故居者有積倉行者有裹囊也然後可以爰方啓

行王如好貨與百姓同之於王何有詩大雅公劉之篇也乃積穀於倉乃裹盛乾食之糧於橐囊也思安民故用有寵光也戚斧揚鉞也又以武備之四方啟道路孟子言公劉好貨若此王若則之於王何有不可也○餱音侯橐音託戩音集啟行如字王曰寡人有疾寡人好色王言我有病病好色不能行也對曰昔者大王好色愛厥妃詩云古公亶甫來朝走馬率西水滸至于岐下爰及姜女聿來胥宇當是時也內無怨女外無曠夫王如好色與百姓同之於王何有詩大雅緜之篇

也。亶甫。大王名也。號稱古公。來朝走馬。遠避狄難。去惡疾也。率。循也。滸。水涯也。循西方水滸。來至岐山下也。姜女。大王妃也。於是與姜女俱來相土居也。言大王亦好色。非但與姜女俱行而已也。普使一國男女。無有怨曠。王如則之。與百姓同欲。皆使無過時之思。則於王之政。何有不可乎。章指言夫子恂恂然善誘人。誘人以進於善也。齊王好貨好色。孟子推以公劉大王。所謂責難於君謂之恭者也。○滸音虎

孟子謂齊宣王曰。王之臣有託其妻子於其友而之楚遊者

假此言以爲喻

比其反也。則凍餒其妻子。則如之何

言無友道。當如之何。○比必二反。及也

王曰。棄之

言當棄之。絕友道也

曰。

士師不能治士。則如之何。士師。獄官吏也。不能治獄。當如之何。王曰。已之。已之者。去之也。曰。四境之內不治。則如之何。境內之事。王所當理。不勝其任。當如之何。孟子以此動王心。令戒懼也。王顧左右而言他。王慚而左右顧視道他事。無以答此言也。章指言君臣上下。各勤其任。無墮其職。乃安其身也。○【墮】許規反。亦音惰。孟子見齊宣王曰。所謂故國者。非謂有喬木之謂也。有世臣之謂也。故者舊也。喬高也。人所謂是舊國也者。非但見其有高大樹木也。當有累世脩德之臣。常能輔其君以道。乃爲舊國可法則也。王無親臣矣。今王無可親任。

之臣昔者所進。今日不知其亡也言王取臣不詳審往日之所知。今日爲惡當誅亡。王無以知也王曰。吾何以識其不才而舍之王言我當何以先知其不才而舍之不用也。○舍音捨。舍女同曰。國君進賢。如不得已。將使卑踰尊。疏踰戚。可不慎與言國君欲進用人。當留意考擇。如使忽然不精心意。如不得已而取備官。則將使尊卑親疏相踰。豈可不重慎之左右皆曰賢。未可也。諸大夫皆曰賢。未可也。國人皆曰賢。然後察之。見賢焉。然後用之謂選大臣防比周之譽。核鄉原之徒。論曰。衆好之。必察焉左右皆曰不可。勿聽。諸大夫皆曰不可。勿聽。國人皆曰不可。然後察之。見不可焉。然後去之。衆惡之。必察焉。惡直醜正。寔繁有徒。防其朋黨。以毀忠正左右皆曰可殺。勿聽。諸大夫皆曰可殺。勿聽。國人皆曰可殺。然後察之。見可殺焉。然後殺之。故曰國人殺之也。言當慎行大辟之罪。五聽三宥。古者刑人於市。與衆棄之如此。然後可以爲民父母行此三慎之聽。乃可以子畜百姓也。章指言人君進賢退惡。翔而後集。有世賢臣。稱曰舊國。則四方瞻仰之以爲則矣

齊宣王問曰。

湯放桀。武王伐紂。有諸（有之否乎）孟子對曰。於傳有之（於傳文有之矣）曰。臣弑其君可乎（王問臣何以得弑其君。豈可行乎）曰。賊仁者謂之賊。賊義者謂之殘。殘賊之人。謂之一夫。聞誅一夫紂矣。未聞弑君也（言殘賊仁義之道者。雖位在王公。將必降爲匹夫。故謂之一夫也。但聞武王誅一夫紂耳。不聞弑其君也。書云。獨夫紂。此之謂也。章指言孟子云紂以崇惡失其尊名。不得以君臣論之。欲以深寤齊王。垂戒于後也）孟子謂齊宣王曰。爲巨室。則必使工師求大木。工師得大木。則王喜。以為能勝其任也。匠人斲而小之。則王怒。以為不勝其任矣。巨室。大宮也。爾雅曰。宮謂之室。工師。主工匠之吏。匠人。工匠之人也。將以此喻之也。夫人幼而學之。壯而欲行之。王曰。姑舍女所學而從我。則何如。姑。且也。謂人少學先王之正法。壯大而仕。欲施行其道。而王止之曰。且舍置汝所學。而從我之教命。此何如也。○女音汝

今有璞玉於此。雖萬鎰。必使玉人彫琢之。至於治國家。則曰。姑舍女所學而從我。則何以異於教玉人彫琢玉哉。二十兩為鎰。彫琢。治飾玉也。詩云。彫琢其

章。雖有萬鎰在此。言衆多也。必須玉人能治之耳。至於治國家。而令從我。是爲教玉人治玉也。教人治玉。不得其道。則玉不得美好。教人治國。不以其道。則何由能治者乎。章指言任賢使能。不違其學。則功成而不墮。屈人之是。從己之非。則人不成道。玉不成圭。善惡之致。可不察哉。○鎰音溢

齊人伐燕勝之。宣王問曰。或謂寡人勿取。或謂寡人取之。以萬乘之國伐萬乘之國。五旬而舉之。人力不至於此。不取必有天殃。取之何如。萬乘非諸侯之號。時燕國皆僭地廣大。僭號稱王。故曰萬乘。五旬。五十日也。書曰。朞三百有六旬。言五旬。未久而取之。非人力。乃天也。天與不

取。懼有殃咎。取之何如孟子對曰。取之而燕民悅則取之。古之人有行之者。武王是也。武王伐紂而殷民喜悅。篚厥玄黃而來迎之。是以取之也取之而燕民不悅則勿取。古之人有行之者。文王是也。文王以三仁尚在。樂師未奔。取之懼殷民不悅。故未取之以萬乘之國伐萬乘之國。簞食壺漿以迎王師。豈有他哉。避水火也。如水益深。如火益熱。亦運而已矣燕人所以持簞食壺漿來迎王師者。欲避水火難耳。如其所患益甚。則亦運行奔走而去矣。今王誠能使燕民免於水火。亦若武王伐紂。殷民喜悅之時。則可取之。章指言征伐之道。當順民心。民心悅則天意得。天意得。然後乃可以取人之國也。㊣食音嗣。後簞食放此

齊人伐燕取之。諸侯將謀救燕。宣王曰。諸侯多謀伐寡人者。何以待之宣王貪燕而取之。諸侯不義其事。將謀伐齊救燕。宣王懼而問之孟子對曰。臣聞七十里爲政於天下者湯是也。未聞以千里畏人者也成湯脩德。以七十里而得天下。今齊地方千里。何畏懼哉書曰。湯一征。自葛始。天下信之。東面而征西夷怨。南面而征北狄怨。曰。奚爲後我。民

望之若大旱之望雲霓也。歸市者不止。耕者不變。誅其君而弔其民。若時雨降。民大悅。書曰。徯我后。后來其蘇。此二篇皆尚書逸篇之文也。言湯初征自葛始。誅其君。恤其民。天下信湯之德。面者嚮也。東嚮征西夷怨者。去王城四千里夷服之國也。故謂之四夷。言遠國思望聖化之甚也。故曰何為後我。霓。虹也。雨則虹見。故大旱而思見之。徯。待也。后。君也。待我君來。則我蘇息也。○霓五稽反。徯胡禮反今燕虐其民。王往而征之。民以為將拯己於水火之中也。簞食壺漿以迎王師。若殺其父兄。係累其子弟。毀其宗廟。遷其重器。如之何其可也拯。濟也。係累猶縛結也。燕民所以悅喜迎王師者。謂濟救於水火之中耳。今又殘之若此。安可哉。○累力追反天下固畏齊之彊也。今又倍地而不行仁政。是動天下之兵也言天下諸侯素畏齊彊。今復并燕一倍之地。以是行暴。則多所危。是動天下之兵共謀齊也王速出令反其旄倪。止其重器。謀於燕衆。置君而後去之。則猶可及止也速。疾也。旄。老旄也。倪。弱小倪倪者也。孟子勸王急出令。先還其老小。止勿徙其寶重之器。與燕民謀置所欲立君。而去之歸齊。天下之兵。猶可及其未發

而亡之也。章指言伐惡養善。無貪其富。以小王大。夫將何懼也。旄倪上音耄。下音鯢

鄒與魯鬨。穆公問曰。吾有司死者三十三人。而民莫之死也。誅之則不可勝誅。不誅則疾視其長上之死而不救。如之何則可也。鬨。鬭聲也。猶構兵而鬭也。長上。軍率也。鄒穆公忿其民不赴難。而問其罰當謂何也。鬨胡弄反。長張丈反。下其長長老同。率所類反

孟子對曰。凶年饑歲。君之民。老弱轉乎溝壑。壯者散而之四方者。幾千人矣。而君之倉廩實。府庫充。有司莫以告。是

上慢而殘下也言往者遭凶年之阨。民困如是。有司諸臣。無告白於君。有以振救之。是上驕慢以殘賊其下也曾子曰。戒之戒之。出乎爾者反乎爾者也曾子有言。上所出善惡之命。下終反之。不可不戒也夫民今而後得反之也。君無尤焉尤。過也。孟子言百姓乃今得反報諸臣不哀矜耳。君無過責之也君行仁政。斯民親其上。死其長矣君行仁恩。憂民窮困。則民化而親其上。死其長矣章指言上恤其下。下赴其難。惡出於己。害及其身。如影響自然也

滕文公問曰。滕小國也。間於齊楚。事齊乎。事楚乎文公言我居齊楚之間。非其所

事。不能自保也。○間文公去聲

孟子對曰。是謀非吾所能及也。無已則有一焉。鑿斯池也。築斯城也。與民守之。效死而民弗去。則是可爲也。

孟子以二大國之君。皆不由禮。我不能知誰可事者也。不得已。有一謀焉。惟施德義以養民。與之堅守城池。至死使民不畔去。則可爲矣。章指言事無禮之國。不若得民心。與之守死善道也。

滕文公問曰。齊人將築薛。吾甚恐。如之何則可。

齊人并得薛。築其城以偪於滕。故文公恐也。

孟子對曰。昔者大王居邠。狄人侵之。去之岐山之下居焉。非擇而取之。不得已也大王非好岐山之下。擇而居之。迫不得已。困於彊暴。故避之。○邠音賓苟爲善。後世子孫必有王者矣誠能爲善。雖失其地。後世世乃可有王者。若周家也君子創業垂統。爲可繼也。若夫成功則天也。君如彼何哉。彊爲善而已矣君子造業垂統。貴令後世可繼續而行耳。又何能必有成功。成功乃天助之也。君豈如彼齊何乎。但當自强爲善法以遺後世也。章指言君子之道正己任天。彊暴之來。非己所招。謂窮則獨善其身者也。○强文公上聲

滕文公問曰。滕小國也。竭力以事大國。則不得免焉。如之何則可

問免難全國於孟子孟子對曰。昔者大王居邠。狄人侵之。事之以皮幣。不得免焉。事之以犬馬。不得免焉。事之以珠玉。不得免焉。皮。狐貉之裘。幣。繒帛之貨也乃屬其耆老而告之曰。狄人之所欲者。吾土地也。吾聞之也。君子不以其所以養人者害人。二三子何患乎無君。我將去之。去邠。踰梁山。邑于岐山之下居焉。屬。會也。土地生五穀。所以養人也。會長老告之如此而去之。屬音燭邠人曰。仁人也。不可失也。從之者如歸市言樂隨大王。如歸趨於市。若將有得也。或曰。世守也。非身之所能爲也。效死勿去。君請擇於斯二者或曰。土地乃先人之所受也。世世守之。非己身所能專爲。至死不可去也。欲令文公擇此二者。惟所行也。章指言大王去邠。權也。效死而守業。義也。義權不並。故曰擇而處之也

魯平公將出。嬖人臧倉者請曰。他日君出。則必命有司所之。今乘輿已駕矣。有司未知所之。敢請平。謚也。嬖人。愛幸小人也。公曰。將見孟子平公敬孟子有德。不敢請召。將往就見之曰。何哉。君所爲輕身以先

於匹夫者以爲賢乎。禮義由賢者出。而孟子之後喪踰前喪。君無見焉。匹夫一夫也。臧倉言君何爲輕千乘而先匹夫乎。以爲孟子賢故也。賢者當行禮義。而孟子前喪父約。後喪母奢。君無見也。公曰。諾。諾止不出。樂正子入見曰。君奚爲不見孟軻也。樂正姓。子通稱。孟子弟子也。爲魯臣。問公何爲不便見孟軻。○入見文公音現。曰。或告寡人曰。孟子之後喪踰前喪。是以不往見也。公言以此故也。曰。何哉。君所謂踰者。前以士。後以大夫。前以三鼎。而後以五鼎與。樂正子曰。君所謂踰者。前者以士禮。後者以大夫禮。士祭三鼎。大夫祭五鼎故也曰否。謂棺椁衣衾之美也公曰。不謂鼎數也。以其棺椁衣衾之美惡也曰非所謂踰也。貧富不同也樂正子曰。此非薄父厚母。令母喪踰父也。喪父時爲士。喪母時爲大夫。大夫祿重於士。故使然。貧富不同也樂正子見孟子曰。克告於君。君爲來見也。嬖人有臧倉者沮君。君是以不果來也克。樂正子名也。果能也。曰。克告君以孟子之賢。君將欲來。臧倉者沮君。故君不能來也。○爲文公去聲沮慈呂反曰行或使之。止或尼之。行止非人所能也。吾之不遇魯侯。天也。臧氏之子焉能使予不遇哉。尼止也。孟子之意。以爲魯侯欲行。天使之矣。及其欲止。天令嬖人止之耳。行止天意。非人所能爲也。如使吾見魯侯。冀得行道。天欲使濟斯民也。故曰。吾之不遭遇魯侯。乃天所爲也。臧倉小人。何能使我不遇哉。章指言讒邪構賢。賢者歸天。不尤人也。〇尼女乙反　焉於虔反

孟子卷第二

盱郡重刊
廖氏善本

孟子卷第三

公孫丑章句上

公孫丑問曰夫子當路於齊管仲晏子之功可復許乎夫子謂孟子許猶與也如使夫子得當仕路於齊而可以行道管夷吾晏嬰之功寧可復與乎○復扶又反下同孟子曰子誠齊人也知管仲晏子而已矣誠實也子實齊人也但知二子而已豈復知王者之佐乎或問乎曾西曰吾子與子路孰賢曾西蹵然曰吾先子之所畏也曾西曾子之孫蹵然猶蹵踖也先子

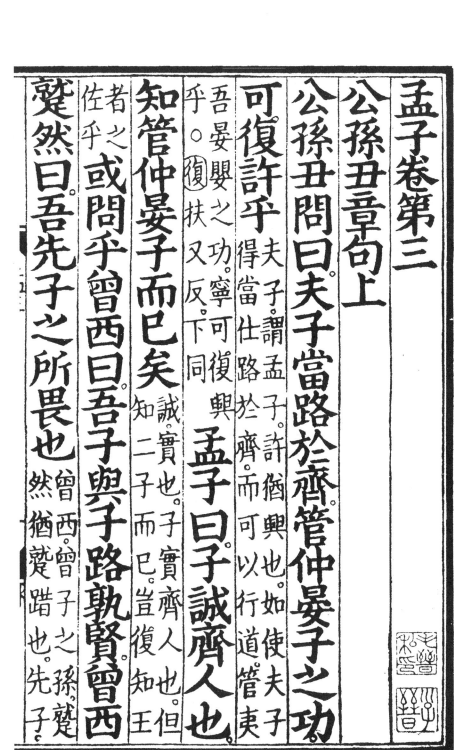

曾子也。子路在四友。故曾子畏敬之。曾西不敢比。蹵子六反踖子亦反曰然則吾子與管仲孰賢。曾西艴然不悅曰。爾何曾比予於管仲。艴然。愠怒色也。何曾猶何乃也艴音勃。又音拂曾音憎。則也。乃也管仲得君。如彼其專也。行乎國政。如彼其久也。功烈。如彼其卑也。爾何曾比予於是。曾西荅或人言。管仲得遇桓公。使之專國政如彼。行政於國其久如彼。功烈卑陋如彼。謂不帥齊桓公行王道而行霸道。故言卑也。重言何曾比我。恥見比之甚也。帥音率曰。管仲曾西之所不爲也。而子爲我願之乎。孟子心挾

曾西。曾西尚不欲為管仲。而子為我願之乎。非丑之言小也。○為我于僞反

曰。管仲以其君霸。晏子以其君顯。管仲晏子猶不足為與。丑曰。管仲輔桓公以霸道。晏子相景公以顯名。二子如此。尚不可為邪。○與音餘。下可意求

曰。以齊王由反手也。孟子言以齊國之大而行王道。其易若反手耳。故譏管晏不勉其君以王業也。○王于況反。下可以義詳

曰。若是則弟子之惑滋甚。且以文王之德。百年而後崩。猶未洽於天下。武王周公繼之。然後大行。今言王若易然。則文王不足法與。丑曰。如是言。則

弟子惑益甚也。文王尚不能及身而王。何謂王易然也。若是則文王不足以爲法邪。【易】以豉反

曰。文王何可當也。由湯至於武丁。賢聖之君六七作。天下歸殷久矣。久則難變也。武丁朝諸侯有天下。猶運之掌也。武丁。高宗也。孟子言文王之時難爲功。故言何可當也。從湯以下。賢聖之君六七興。謂大甲大戊盤庚等也。運之掌。言易也。【朝】音潮

紂之去武丁未久也。其故家遺俗流風善政。猶有存者。又有微子微仲王子比干箕子膠鬲皆賢人也。相與輔相之。故久而

後失之也。尺地莫非其有也。一民莫非其臣也。然而文王猶方百里起。是以難也。紂得高宗餘化。又多良臣。故久乃亡也。微仲膠鬲皆良臣也。但不在三仁中耳。文王當此時。故難也。○鬲音隔。又音歷。輔相息亮反齊人有言曰。雖有智慧。不如乘勢。雖有鎡基。不如待時。今時則易然也。齊人諺言也。乘勢。居富貴之勢。鎡基。田器耒耜之屬。待時。三農時也。今時易以行王化者也。○鎡或作兹夏后殷周之盛。地未有過千里者也。而齊有其地矣。雞鳴狗吠相聞。而達乎四境。而齊有其民矣。地不改辟矣。民不改聚矣。行仁政而王。莫之能禦也。三代之盛。封畿千里耳。今齊地土民人以足矣。不更辟土聚民也。雞鳴狗吠相聞。言民室屋相望而衆多也。以此行仁而王。誰能止之也。○辟音闢且王者之不作。未有疏於此時者也。民之憔悴於虐政。未有甚於此時者也。飢者易爲食。渴者易爲飲。孔子曰。德之流行。速於置郵而傳命言王政不興久矣。民患虐政甚矣。若飢者食易爲美。渴者飲易爲甘。德之流行。疾於置郵傳書命也。○郵音尤。驛也當今之時。萬乘之國行仁政。民之悅之。猶解倒懸也。故事半古之人。功必倍之。惟此時爲然。倒懸。喻困苦也。當今所施恩惠之事。半於古人。而功倍之矣。言今行之易也。章指言德流之速。過於置郵。君子得時。大行其道。是以呂望覲文王而陳王圖。管晏雖勤。猶爲曾西所羞也。

公孫丑問曰。夫子加齊之卿相。得行道焉。雖由此霸王不異矣。如此則動心否乎。加猶居也。丑問孟子。如使夫子得居齊卿相之位。行其道德。雖用此臣位而輔君行之。亦不異於古霸王之君矣。如是寧動心畏難。自恐不能行否邪。丑以此爲大道不易。人當畏懼之。不敢欲行也。○難乃旦反

孟子曰。否。

我四十不動心孟子言禮四十強而仕。我志氣已定。不妄動心有所畏也

曰。若是則夫子過孟賁遠矣丑曰。若此。夫子志意堅勇過孟賁。賁勇士也。孟子勇於德。○賁音奔

曰。是不難。告子先我不動心孟子言是不難也。告子之勇未四十而不動心矣

曰。不動心有道乎丑問不動心之道云何

曰。有孟子欲爲言之

北宮黝之養勇也。不膚橈。不目逃。思以一豪挫於人。若撻之於市朝。不受於褐寬博。亦不受於萬乘之君。視刺萬乘之君。若刺褐夫。無嚴諸侯。惡聲至。

必反之北宮。姓。黝。名也。人刺其肌膚。不爲橈却。刺其目。目不轉精逃避之矣。人拔一毛。若見揰撻於市朝之中矣。褐寬博。獨夫被褐者。嚴。尊也。無有尊嚴諸侯可敬者也。以惡聲加己。己必惡聲報之。言所養育勇氣如是。○黝伊糾反。橈奴效反孟施舍之所養勇也。曰。視不勝猶勝也。量敵而後進。慮勝而後會。是畏三軍者也。舍豈能爲必勝哉。能無懼而已矣。孟。姓。舍。名也。施。發音也。施舍自言其名。則但曰舍。豈能爲必勝哉。要不恐懼而已也。以爲量敵少而進。慮勝者。足勝乃會。若此。畏三軍之衆者耳。非勇者也。○舍文公去聲孟施舍似曾子。北宮黝似子夏夫二子之勇未知其孰賢然而孟施舍守約也孟子以爲曾子長於孝孝百行之本子夏知道雖衆不如曾子孝之大也故以舍譬曾子黝譬子夏以施舍要之以不懼爲約要也昔者曾子謂子襄曰子好勇乎吾嘗聞大勇於夫子矣自反而不縮雖褐寬博吾不惴焉自反而縮雖千萬人吾往矣孟施舍之守氣又不如曾子之守約也子襄曾子弟子也夫子謂孔子也縮義也惴懼也詩云惴惴其栗曾子謂子襄言孔子告我大勇之道人加惡於己己內自省有不義不直之心雖敵人被褐寬博一夫

不當輜驚懼之也。自省有義。雖敵家千萬人。我直往突之。言義之强也。施舍雖守勇氣。不如曾子守義之爲約也。○好呼報反惴之睡反

曰敢問夫子之不動心。與告子之不動心。可得聞與

丑曰。不動心之勇。其意豈可得聞與

告子曰。不得於言。勿求於心。不得於心。勿求於氣。不得於心。勿求於氣。可。不得於言。勿求於心。不可

不得者。不得人之善心善言也。求者取也。告子爲人勇而無慮。不原其情。人有不善之言加於己。不復取其心有善也。直怒之矣。孟子以爲不可也。告子知人之有惡心。雖以善辭氣來加己。亦直怒之矣。孟子以爲是則可。言人當以心爲

正也。告子非純賢。其不動心之事。一可用。一不可用也夫志氣之帥也。氣體之充也志。心所念慮也。氣。所以充滿形體爲喜怒也。志帥氣而行之。度其可否也。帥所類反夫志至焉。氣次焉。志爲至要之本。氣爲其次故曰持其志。無暴其氣暴。亂也。言志所嚮。氣隨之。當正持其志。無亂其氣。妄以喜怒加人也既曰志至焉。氣次焉。又曰持其志。無暴其氣者。何也。丑問暴亂其氣云何曰志壹則動氣。氣壹則動志也。今夫蹶者趨者。是氣也。而反動其心孟子言壹者。志氣閉而爲壹也。志閉塞則氣不行。氣閉塞則志不通。

蹶者相動。今夫行而蹶者。氣閉不能自持。故志氣顛倒。顛倒之間。無不動心而恐矣。則志氣之相動。○蹶音厥。又居衛反

敢問夫子惡乎長丑問孟子才志所長何等。○惡音烏。下曰惡同

曰我知言我善養吾浩然之氣孟子云。我聞人言。能知其情所趨。我能自養育我之所有浩然之大氣也

敢問何謂浩然之氣丑問浩然之氣狀如何

曰難言也其爲氣也至大至剛以直養而無害則塞于天地之閒言此至大至剛正直之氣也。然而貫洞纖微。洽於神明。故言之難也。養之以義。不以邪事干害之。則可使滋蔓。塞滿天地之閒。布施德教。無窮極也

其爲氣也配

義與道。無是餒也重説是氣。言此氣與道義相配偶俱行。義謂仁義。可以立德之本也。道謂陰陽大道。無形而生有形。舒之彌六合。卷之不盈握。包落天地。稟授羣生者也。言能養此道氣而行義理。常以充滿五藏。若其無此。則腹腸飢虛。若人之餒餓也。○餒奴罪反**是集義所生者。非義襲而取之也**集。雜也。密聲取敵曰襲。言此浩然之氣。與義雜生。從內而出。人生受氣所自有者。**行有不慊於心。則餒矣**慊。快也。自省所行。仁義不備。干害浩氣。則心腹飢餒矣。○慊口簟反。文公又口劫反**我故曰告子未嘗知義。以其外之也**孟子曰。仁義皆出於內。而告子嘗以爲仁內義外。故言其未嘗知義也必有事焉而勿正心勿忘勿助長也言人行仁義之事。必有福在其中。而勿正但以爲福。故爲仁義也。但心勿忘其爲福。而亦勿汲汲助長其福也。汲汲則似宋人也。○長張丈反。下皆同無若宋人然宋人有閔其苗之不長而揠之者芒芒然歸謂其人曰今日病矣子助苗長矣其子趨而往視之苗則槁矣揠挺拔之。欲亟長也。病罷也。芒芒罷倦之貌。其人。家人也。其子揠苗者之子也。趨走也。槁乾枯也。以喻人之情。邀福也必有害。若欲急長苗而反使之枯死也。○揠烏八反罷音皮天下之不助苗長者寡矣以爲無益而舍之者，不耘苗者也。助之長者，揠苗者也。非徒無益，而又害之。天下人行善，皆欲速得其福。恬然者少也。以為福祿在天，求之無益。舍置仁義，不求為善。是由農夫任天，不復耘治其苗也。其邀福欲急得之者，由此揠苗之人也。非徒無益於苗，而反害之。言告子外義，常恐其行義欲急得其福，故為丑言，人之行當內治善，不當急欲求其福。○舍音捨。下舍是。舍己同。何謂知言？丑問知言之意謂何。曰：「詖辭知其所蔽，淫辭知其所陷，邪辭知其所離，遁辭知其所窮。孟子曰，人有險詖之言，引事以褒人，若賓孟言雄雞自斷其尾之事，能知其欲以譽子朝，蔽子猛也。

有淫美不信之辭。若麗姬勸晉獻公與申生政。能知其欲以陷害之也。有邪辟不正之辭若豎牛勸仲任賜環之事。能知其欲行譖毀以離之於叔孫也。有隱遁之辭。若秦客之廋辭於朝。能知其欲以窮晉諸大夫也。若此四者之類。我聞能知其所趨者也。○詖彼寄反麗呂支反廋音搜

生於其心。害於其政。發於其政。害於其事。聖人復起。必從吾言矣。

生於其心。譬若人君有好殘賊嚴酷心。必妨害仁政。不得行之也。發於其政者。若出令欲以非時田獵。築作宮室。必妨害民之農事。使百姓有飢寒之患也。吾見其端。欲防而止之。如使聖人復興。必從我言也。○復文公去聲

宰我子貢善爲說辭。冉牛。閔子。顏

淵。善言德行。孔子兼之。曰。我於辭命則不能也。言人各有能。我於辭言命教。則不能如二子。（說）音稅。又如字。（行）丁孟反然則夫子既聖矣乎丑見孟子但言不能辭命。不言不能德行。謂孟子欲自比孔子。故曰夫子既已聖矣乎曰。惡。是何言也。昔者子貢問於孔子曰。夫子聖矣乎。孔子曰。聖則吾不能。我學不厭而教不倦也。子貢曰。學不厭。智也。教不倦。仁也。仁且智。夫子既聖矣。夫聖。孔子不居。是何言也。惡者。不安事之歎辭也。孟子荅丑。言往者子貢孔子相荅如此。孔子尚不敢安居於聖。我何敢自謂爲聖。故再言是何言也。○夫音扶。屬下句昔者竊聞之。子夏子游子張皆有聖人之一體。冉牛閔子顏淵則具體而微。體者。四肢股肱也。孟子言昔日竊聞師言也。丑方問欲知孟子之德。故謙辭言竊聞也。一體者得一肢也。具體者。四肢皆具。微。小也。比聖人之體微小耳。體以喻德也。敢問所安。丑問孟子所安比也曰。姑舍是。姑。且也。孟子曰。且置是。我不願比也曰。伯夷伊尹何如。丑曰。伯夷之行何如。孟子心可願比伯夷不曰。不同道。言伯夷之行。不與孔子伊尹同道也非其君不事。非其民不使。治則進。

亂則退。伯夷也。非其君。非己所好之君也。非其民。不以正道而得民。伯夷不願使之。故謂非其民也。何事非君。何使非民。治亦進。亂亦進。伊尹也。伊尹曰。事非其君者。何傷也。使非其民者。何傷也。要欲爲天理物。冀得行道而已矣可以仕則仕。可以止則止。可以久則久。可以速則速。孔子也。止。處也。久。留也。速。疾去也。皆古聖人也。吾未能有行焉。乃所願則學孔子也此皆古之聖人。我未能有所行。若此乃言我心之所庶幾。則願欲學孔子所履。進退無常。量時爲宜也伯夷伊尹於孔子。若是班乎班。齊等之貌也。

丑嫌伯夷伊尹與孔子相比。問此三人之德班然而等乎曰。否。自有生民以來。未有孔子也孟子曰。不等也。從有生民以來。非純聖人。則未有與孔子齊德也曰。然則有同與丑曰。然則此三人有同者邪曰。有。得百里之地而君之。皆能以朝諸侯有天下。行一不義。殺一不辜而得天下。皆不爲也。是則同孟子曰。此二人君國。皆能使鄰國諸侯尊敬其德而朝之。不以其義得之。皆不爲也。是則孔子同之矣曰。敢問其所以異丑問孔子與二人異謂何曰。宰我子貢有若智足以知聖人。汙。不至阿其所好孟子曰。宰我等三人之智。足以識聖人。汙。下也。言三人雖小汙不平。亦不至阿其所好。以非其事阿私所愛。而空譽之。其言有可用者。欲爲丑陳三子之道孔子也。○汙音蛙不平貌宰我曰。以予觀於夫子。賢於堯舜遠矣予。宰我名也。以爲孔子賢於堯舜。以孔子但爲聖。不王天下。而能制作素王之道。故美之。如使當堯舜之處。賢之遠矣子貢曰。見其禮而知其政。聞其樂而知其德。由百世之後。等百世之王。莫之能違也。自生民以來。未有夫子也見其制作之禮。知其政之可以致太平也。聽聞其雅頌之樂。而知其德之可與文武同也。春秋外傳曰。五聲昭德。言五音之樂聲。可以明德也。從孔子後百世。上推等其德於前百世之聖王。無能違離孔子道者。自從生民以來。未能備若孔子也

有若曰。豈惟民哉。麒麟之於走獸。鳳凰之於飛鳥。泰山之於丘垤。河海之於行潦。類也。聖人之於民。亦類也。出於其類。拔乎其萃。自生民以來。未有盛於孔子也

垤。蟻封也。行潦。道旁流潦也。萃。聚也。有若以爲萬類之中。各有殊異。至於人類卓絕。未有盛美過於孔子者也。若三子之言孔子。則所以異於伯夷伊尹也。夫聖人之道。同符合契。前聖後聖。其揆一也。不得相踰。云生民以來無有者。此三人皆

孔子弟子。緣孔子聖德高美。而盛稱之也。孟子知其言大過。故貶謂之汙下。但不以無爲有耳。因事則襃辭在其中矣。亦以明師徒之義。得相襃揚也。章指言義以行勇。則不動心。養氣順道。無效宋人。聖人量時。賢者道偏。是以孟子究言情理。而歸之學孔子也。〇垤大結反。潦音老。

孟子曰。以力假仁者霸。霸必有大國。以德行仁者王。王不待大。湯以七十里。文王以百里。言霸者以大國之力。假仁義之道。然後能霸。若齊桓晉文等是也。以己之德。行仁政於民。小國則可以致王。若湯文王是也。以力服人者。非心服也。力不贍也。以德服人者。中心悅而誠服也。如七十子之服孔子也。贍。足也。以己力不足而往服就於人。非心服也。以己德不如彼而往服從之。誠心服者也。如顏淵子貢等之服於仲尼。心服者也。詩云。自西自東。自南自北。無思不服。此之謂也。詩大雅。文王有聲之篇。言從四方來者。無思不服。武王之德。此亦心服之謂也。章指言王者任德。霸者兼力。力服心服。優劣不同。故曰。遠人不服。脩文德以懷之。

孟子曰。仁則榮。不仁則辱。今惡辱而居不仁。是猶惡濕而居下也。行仁政。則國昌而民安。得其榮樂。行不仁。則國破民殘。蒙其恥辱。惡辱而不行仁。譬若惡濕而居埤下近水泉之地也。○惡烏路反。章內非惡同埤音卑如惡之莫如貴德而尊士賢者在位能者在職諸侯如惡辱之來則當貴德以治身尊士以敬人使賢者居位官得其人能者居職人任其事也國家閒暇及是時明其政刑雖大國必畏之矣及無鄰國之虞以是閒暇之時明脩其政教審其刑罰雖天下大國必來畏服閒音閑詩云迨天之未陰雨徹彼桑土綢繆牖戶今此下民或敢侮予孔子曰爲此詩者其知道乎能治其國家誰敢侮之詩邠國鴟鴞之篇迨及徹取也桑土桑根也言此鴟鴞小鳥尚知及天未陰雨而取桑根之皮

以纏緜牖戶。人君能治其國家。誰敢侮之。刺邠君曾不如此鳥。孔子善之。故謂此詩知道也。○徹直列反　土音杜　綢繆音稠下武彪反　鴟處脂反　鴞于嬌反

今國家閒暇。及是時般樂怠敖。是自求禍也。禍福無不自己求之者。

般。大也。孟子傷今時之君。國家適有閒暇。且以大作樂怠惰敖遊。不脩政刑。是以見侵而不能距。皆自求禍者也。○般音盤　樂音洛。下至樂取同　敖五勞反。又五到反

詩云。永言配命。自求多福。

詩大雅文王之篇。永。長。言。我也。長我周家之命。配當善道。皆內自求責。故有多福也

大甲曰。天作孽。猶可違。自作孽。不可活。此之謂也。

殷王大甲言天

之妖孽。尚可違避。譬若高宗雊雉。宋景守心
之變。皆可以德消去也。自己作孽者。若帝乙
慢神震死。是爲不可活也。章指言國必脩政。
君必行仁。禍福由己。不專在天。言當防患於
未亂也。○孽魚列反
活如字。書作逭。音換孟子曰。尊賢使能。俊傑
在位。則天下之士皆悅而願立於其朝矣俊。美
才出衆者也。萬人者稱傑市廛而不征。法而不廛。則天下
之商皆悅而願藏於其市矣廛。市宅也。古者無征。衰世征之。
王制曰。市廛而不稅。周禮載師曰。國宅無征。
法而不廛者。當以什一之法征其地耳。不當
征其廛宅也
○廛直連反關譏而不征。則天下之旅皆悅

而願出於其路矣言古之設關。但譏禁異言識異服耳。不征稅出入者也。故王制曰。古者關譏而不征。周禮大宰曰。九賦。七曰關市之賦。司關曰。國凶札則無關門之征。猶譏。王制謂文王以前也。文王治岐。關譏而不征。周禮有征者。謂周公以來。孟子欲令復古去征。使天下行旅悅之也

耕者助而不稅則天下之農皆悅。而願耕於其野矣助者。井田什一。助佐公家治公田。不橫稅賦若履畝之類

廛無夫里之布。則天下之民皆悅而願爲之氓矣里。居也。布。錢也。夫。一夫也。周禮載師曰。宅不毛者有里布。田不耕者有屋粟。凡民無職事者出夫家之征。孟子欲使寬獨夫。去里布。則人皆樂爲之

民矣。氓。民也。○氓或作甿。信能行此五者。則鄰國之民仰之若父母矣。率其子弟。攻其父母。自有生民以來。未有能濟者也。今諸侯誠能行此五事。四鄰之民。仰望而愛之如父母矣。鄰國之君。欲將其民來伐之。譬若率勉人子弟。使自攻其父母。生民以來。何能以此濟成其所欲者也。如此則無敵於天下。無敵於天下者。天吏也。然而不王者。未之有也。言諸侯所行能如此者。何敵之有。是爲天吏。天吏者。天使也。爲政當爲天所使。誅伐無道。故謂之天吏也。

章指言。脩古之道。鄰國之民。以爲父母。行令之政。自己之民。不得而子。是故衆夫擾擾。非

所常有。命曰天吏。明天所使也

孟子曰。人皆有不忍人之心（言人人皆有不忍加惡於人之心也）先王有不忍人之心。斯有不忍人之政矣。以不忍人之心。行不忍人之政。治天下可運之掌上（先聖王推不忍害人之心。以行不忍傷民之政。以是治天下。易於轉丸於掌上也）所以謂人皆有不忍人之心者。今人乍見孺子將入於井。皆有怵惕惻隱之心。非所以內交於孺子之父母也。非所以要譽於鄉黨朋友也。非惡其聲而然也乍。暫也。孺子。未有知小子也。所以言人皆有是心。凡人暫見小小孺子將入井。賢愚皆有驚駭之情發於中。非爲其人也。非惡有不仁之聲名。故怵惕也。○怵音黜。内音納

由是觀之。無惻隱之心。非人也。無羞惡之心。非人也。無辭讓之心。非人也。無是非之心。非人也。

言無此四者。當若禽獸。非人心耳。爲人則有之矣。凡人但不能演用爲行耳。○惡烏故反。又如字。行下孟反

惻隱之心。仁之端也。羞惡之心。義之端也。辭讓之心。禮之端也。是非之心。智之端也。

端者。首也。人皆有仁義禮智之首。可引用之

人之有是四

端也猶其有四體也有是四端而自謂不能者自賊者也（自謂不能爲善自賊害其性使不爲善也）謂其君不能者賊其君者也（謂君不能爲善而不匡正者賊其君使陷惡也）凡有四端於我者知皆擴而充之矣若火之始然泉之始達苟能充之足以保四海苟不充之不足以事父母（擴廓也凡有端在於我者知皆廓而充大之若水火之始微小廣大之則無所不至以喻人之四端也人誠能充大之可保安四海之民誠不充大之內不足以事父母言無仁義禮智何以事父母也章指言人之行當內求諸己以

演大四端。充廣其道。上以匡君。下以榮身也。○擴音廓。或音霍孟子曰。矢人豈不仁於函人哉。矢人惟恐不傷人。函人惟恐傷人。巫匠亦然。故術不可不慎也。矢。箭也。函。鎧也。周禮曰。函人爲甲。作箭之人。其性非獨不仁於作鎧之人也。術使之然。巫欲祝活人。匠。梓匠。作棺欲其蚤售。利在於人死也。故治術當慎脩其善者也。○函音含。鎧苦愛反。祝音呪孔子曰。里仁爲美。擇不處仁。焉得智。里。居也。仁最其美者也。夫簡擇不處仁爲不智夫仁。天之尊爵也。人之安宅也。莫之禦而不仁。是不智也。爲仁則可以長天下。故曰天所以假人尊爵也。居之則安。無止之者。而人不能知入是仁道者。何得爲智乎不仁不智。無禮無義。人役也若此爲人所役者也人役而恥爲役。由弓人而恥爲弓。矢人而恥爲矢也治其事而恥其業者。惑也如恥之。莫如爲仁如其恥爲人役而爲仁。仁則不爲役也仁者如射。射者正己而後發。發而不中。不怨勝己者。反求諸己而已矣以射喻人爲仁。不得其報當反責己仁恩之未至。章指言各治其術。術有善惡。禍福之來。隨行而作。恥爲人役。不若居仁。治術之忌。勿爲矢人也。中張仲反孟子曰。子路人告之以有過則喜。禹聞善言則拜。子路樂聞其過。過而能改也。尚書曰。禹拜讜言。○讜音黨。大舜有大焉。善與人同。舍己從人。樂取於人以爲善。大舜，虞也。孔子稱曰巍巍。故言大舜有大焉。能舍己從人，故爲大也。於子路與禹同者也。自耕稼陶漁以至爲帝，無非取於人者。取諸人以爲善，是與人爲善者也。故君子莫大乎與人爲善。舜從耕於歷山。及其陶漁，皆取人之善謀而從之。故曰莫大乎與人爲善。章指言大聖之君，由采善於人。故曰，計及下者無遺策，舉及衆者無廢功也。

孟子曰。伯夷非其君不事。非

其友不友。不立於惡人之朝。不與惡人言。立於惡人之朝。與惡人言。如以朝衣朝冠坐於塗炭。推惡惡之心。思與鄉人立。其冠不正。望望然去之。若將浼焉。伯夷。孤竹君之長子。讓國而隱居者也。塗。泥。炭。墨也。浼。汙也。思。念也。與鄉人立。見其冠不正。望望。去之。慙愧之貌也。去之。恐其汙己也。○推惡烏路反。浼莫罪反。又亡但反。汙烏故反是故諸侯雖有善其辭命而至者。不受也。不受也者。是亦不屑就已。屑。絜也。詩云。不我屑已。伯夷不絜諸侯之行。故不忍就見也。殷之末世。諸侯多不義。

故不就之後乃歸西伯也柳下惠不羞汙君不卑小官進
不隱賢必以其道遺佚而不怨阨窮而不憫
故曰爾爲爾我爲我雖袒裼裸裎於我側爾
焉能浼我哉柳下惠魯公族大夫也姓展名禽字季柳下是其號也進不隱
己之賢才必欲行其道也憫懣也云善己而已惡人何能汙我也○佚與逸同阨音厄袒
音但裼音錫裸郎果反裎音程焉於虔反故由由然與之偕而不
自失焉援而止之而止援而止之而止者是
亦不屑去已由由浩然之貌不憚與惡人同朝竝立偕俱也與之儷行於朝

何傷。但不失己之正心而已耳。援而止之。謂三黜不懟去也。是柳下惠不以去為絜也

孟子曰。伯夷隘。柳下惠不恭。隘與不恭。君子不由也伯夷隘。懼人之汙來及己。故無所含容。言其大隘狹也。柳下惠輕忽時人。禽獸畜之。無欲彈正之心。言其大不恭敬也。聖人之道。不取於此。故曰君子不由也。先言二人之行。孟子乃評之。章指言伯夷柳下惠古之大賢。猶有所闕。介者必偏。中和為貴。純聖能然。君子所由。堯舜是尊○隘烏懈反

孟子卷第三

盱郡重刊
廖氏善本

孟子卷第四

公孫丑章句下

孟子曰。天時不如地利。地利不如人和。三里之城。七里之郭。環而攻之而不勝。夫環而攻之。必有得天時者矣。然而不勝者。是天時不如地利也。天時。謂時日支干。五行王相孤虛之屬也。地利。險阻城池之固也。人和。得民心之所和樂也。環城圍之。必有得天時之善處者。然而城有不下。是不如地利。○王相竝去聲。城非不高也。池非不深也。兵革非不堅利也。米粟非不多也。委而去之。是地利不如人和也。有堅强如此，而破之走者，不得民心。民不爲守。衛懿公之民曰：君其使鶴戰。若是之類也。故曰：域民不以封疆之界。固國不以山谿之險。威天下不以兵革之利。域民。居民也。不以封疆之界禁之。使民懷德也。不依險阻之固。恃仁惠也。不馮兵革之威。仗道德也。得道者多助。失道者寡助。寡助之至。親戚畔之。多助之至。天下順之。以天下之所順。攻親戚之所畔。故君子有不戰。戰必勝矣。得道之君。何嚮不平。

君子之道。貴不戰耳。如其當戰。戰則勝矣。章指言民和爲貴。貴於天地。故曰得乎丘民爲天子也

孟子將朝王。王使人來曰。寡人如就見者也。有寒疾。不可以風。朝將視朝。不識可使寡人得見乎孟子雖仕於齊。處師賓之位。以道見敬。或稱以病。未嘗趨朝而拜也。王欲見之。先朝使人往謂孟子云。寡人如就見者。若言就孟子之館相見也。有惡寒之病。不可見風。儻可來朝。欲力疾臨視朝。因得見孟子也。不知可使寡人得相見否。○朝將。如字

對曰。不幸而有疾。不能造朝孟子不悦王之欲使朝。故稱有疾。○造七到反。下同

明日出弔於東郭氏。公孫丑

曰。昔者辭以病。今日弔。或者不可乎東郭氏。齊大夫家也。昔者。昨日也。丑以爲不可曰。昔者疾。今日愈。如之何不弔孟子言我昨日病。今日愈。我何爲不可以弔王使人問疾。醫來王以孟子實病。遣人將醫來。且問疾也孟仲子對曰。昔者有王命。有采薪之憂。不能造朝。今病小愈。趨造於朝。我不識能至否乎孟仲子。孟子之從昆弟。學於孟子者也。權辭以對如此。憂。病也。曲禮云。有負薪之憂使數人要於路。曰。請必無歸。而造於朝仲子使數人要告孟子。君命宜敬。當必造朝也。○數色主反。要

音邀不得已而之景丑氏宿焉孟子迫於仲子之言。不得已。而心不欲至朝。因之其所知齊大夫景丑之家而宿焉。且以語景子

景子曰內則父子。外則君臣。人之大倫也。父子主恩。君臣主敬。丑見王之敬子也。未見所以敬王也景丑責孟子。不敬何義也

曰惡。是何言也。齊人無以仁義與王言者。豈以仁義爲不美也。其心曰。是何足與言仁義也云爾。則不敬莫大乎是曰惡者。深嗟歎云。景子之責我何言乎。今人言謂王無知。不足與言仁義云爾。絕語之辭也。人之不

敬。無大於是者也。○惡音烏。下皆同。我非堯舜之道不敢以陳於王前，故齊人莫如我敬王也。孟子言我每見王，常陳堯舜之道以勸勉王。齊人豈有如我敬王者耶。景子曰：否，非此之謂也。禮曰：父召無諾，君命召不俟駕。固將朝也，聞王命而遂不果，宜與夫禮若不相似然。景子曰。非謂不陳堯舜之道。謂爲臣固自當朝也。今有王命而不果行。果能也。禮。父召無諾。無諾而不至也。君命召。輦車就牧。不坐待駕而夫子若是。事宜與夫禮若不相似然乎。愚竊惑焉。○與音餘。亦如字。文公如字。下皆可意求。曰：豈謂是與？曾子曰：

晉楚之富。不可及也。彼以其富。我以吾仁。彼以其爵。我以吾義。吾何慊乎哉。夫豈不義而曾子言之。是或一道也。孟子荅景丑云。我豈謂是君臣召呼之閒乎。謂王不禮賢下士。故道曾子之言。自以不慊晉楚之君。慊少也。曾子豈嘗言不義之事邪。是或者自得道之一義。欲以喻王猶晉楚。我猶曾子。我豈輕於王乎。慊口簟反。天下有達尊三。爵一。齒一。德一。朝廷莫如爵。鄉黨莫如齒。輔世長民莫如德。惡得有其一以慢其二哉。三者。天下之所通尊也。孟子謂賢者。長者。有德有齒。人君無德。但有爵耳。故云何得以一慢二乎。長張丈反故將大有爲之君。必有所不召之臣。欲有謀焉。則就之。其尊德樂道不如是。不足與有爲也。言古之大聖大賢。有所興爲之君。必就大賢臣而謀事。不敢召也。王者師臣。霸者友臣也。故湯之於伊尹。學焉而後臣之。故不勞而王。桓公之於管仲。學焉而後臣之。故不勞而霸。言師臣者王。桓公能師臣。而管仲不勉之於王。故孟子於上章陳其義。譏其功烈之卑也。今天下地醜德齊。莫能相尚。無他。好臣其所教。而不好臣其所受教醜。類也。言今天下人君。土地相類。德教齊等。不能相絕者。無他。但好臣其所教敕役使之才。可驕者耳。不能好臣大賢。可從受教者。好去聲湯之於伊尹。桓公之於管仲。則不敢召。管仲且猶不可召。而況不爲管仲者乎孟子自謂不爲管仲。故非齊王之召己。己是以不往也。章指言人君以尊德樂義爲賢。君子以守道不回爲志陳臻問曰。前日於齊王。餽兼金一百而不受。於宋。餽七十鎰而受。於薛。餽五十鎰而受。前日之不受是。則今日之受非也。今日之受是。則前日之不受非也。夫子必居一於此矣。陳臻，孟子弟子。兼金，好金也。其價兼倍於常者，故謂之兼金。一百，百鎰也。古者以一鎰為一金，鎰三十兩。○【餽】音饋。孟子曰：皆是也。當在宋也，予將有遠行，行者必以贐，辭曰：餽贐。予何為不受？贐，送行者贈賄之禮也。時人謂之贐。○【贐】囚刃反。當在薛也，予有戒心，辭曰：聞戒，故為兵餽之。予何為不受？戒，有戒備不虞之心也。時有惡人欲害孟子，孟子戒備。薛君曰：聞有戒，此金可鬻以作兵備，故餽之。我何為不受也。○【為】兵，于偽反。下必為之、為王、為其、所以為、為我、為孟、不為、子為，皆同。若於齊，則未有處也。無處而餽之。是貨之也。焉有君子而可以貨取乎我在齊時無事。於義未有所處也。義無所處而餽之。是以貨財取我。欲使我懷惠也。安有君子而以貨財見取乎。章指言取與之道。必得其禮。於其可也。雖少不辭。義之無處。兼金不顧。○處昌呂反。下同。焉於虔反孟子之平陸。謂其大夫曰。子之持戟之士。一日而三失伍。則去之否乎平陸。齊下邑也。大夫。治邑大夫也。持戟。戰士也。一日三失其行伍。則去之否乎。去之。殺之也。戎昭果毅。○去起呂反曰。不待三大夫曰。一失之則行罰。不及待三失伍也。然則子之失伍也。亦多矣。凶年饑歲。

子之民老羸轉於溝壑壯者散而之四方者幾千人矣轉。轉尸於溝壑也。此則子之失伍也。○幾蟣所二音曰此非距心之所得爲也距心。大夫名。曰。此乃齊王之大政。不肯賑窮。非我所得專爲也曰今有受人之牛羊而爲之牧之者則必爲之求牧與芻矣求牧與芻而不得則反諸其人乎抑亦立而視其死與牧。牧地。以此諭距心不得自專。何不致爲臣而去乎。何爲立視民之死也曰此則距心之罪也距心自知以不去位爲罪也他日見於王曰王之爲都者臣知五人焉。知其罪者。惟孔距心。爲王誦之王曰。此則寡人之罪也孔。姓也。爲都。治都也。邑有先君之宗廟曰都。誦言也。爲王言所與孔距心語者也。王知本之在已。故受其罪。章指言人臣以道事君否則奉身以退。詩云。彼君子兮。不素餐兮。言不尸其祿也。○見文公音現孟子謂蚳鼃曰。子之辭靈丘而請士師。似也。爲其可以言也。今既數月矣。未可以言與蚳鼃。齊大夫。靈丘。齊下邑。士師。治獄官也。周禮士師曰。以五戒先後刑罰。毋使罪麗於民。孟子見蚳鼃辭外邑大夫。請爲士師。知其欲近王以諫正刑罰之不中者。數月而不言。故曰未可以言與。以感責之也。○蚳音遲。鼃烏花反。先後竝去聲。蚳鼃諫於王而不用。致爲臣而去。三諫不用。致仕而去。齊人曰。所以爲蚳鼃則善矣。所以自爲。則吾不知也。齊人論者譏孟子爲蚳鼃謀。使之諫而去。則善矣。不知自諫。又不去。故曰我不見其自爲謀者。公都子以告。公都子。孟子弟子。以齊人語告孟子也。曰。吾聞之也。有官守者。不得其職則去。有言責者。不得其言則去。我無官守。我無言責也。則吾進退。豈不綽綽然有餘裕哉。官守。居官守職者。言責。獻言之責。諫爭之官也。孟子言人臣居官。不得守其職。諫正君不見納者。皆當致位而去。今我居師賓之位。進退自由。豈不綽綽然舒緩有餘裕乎。綽。裕。皆寬也。章指言執職者劣。藉道者優。是以臧武仲雨行而不息。段干木偃寢而式閭。

孟子爲卿於齊。出弔於滕。王使蓋大夫王驩爲輔行。王驩朝暮見。反齊滕之路。未嘗與之言行事也。孟子嘗爲齊卿。出弔滕君。蓋。齊下邑也。王以治蓋之大夫王驩爲輔行。輔。副使也。王驩。齊之諂人。有寵於王。後爲右師。孟子不悅其爲人。雖與同使而行。未嘗與之言行事。不願與之相比也。○蓋古盍反。見文公音現。比毗志反。亦如字。

公孫丑曰。齊卿之位。不爲小矣。齊滕之路。

不爲近矣。反之而未嘗與言行事何也。丑怪孟子不與驩議行事也

曰。夫既或治之。予何言哉。既。已也。或。有也。孟子曰。夫人既自謂有治行事。我將復何言哉。言其專知自善。不知諮於人也。章指言道不合者。不相與言。王驩之操。與孟子殊。君子處時。危行言遜。故不尤之。但不與言。至於公行之喪。以禮爲解也。⊙夫音扶

孟子自齊葬於魯。反於齊。止於嬴。充虞請曰。前日不知虞之不肖。使虞敦匠事。嚴。虞不敢請。今願竊有請也。木若以美然。虞。孟子弟子。孟子事於齊。喪母。歸葬於魯。嬴。齊南邑。充虞。孟子弟子。敦匠。厚作棺也。事嚴。喪事急。

木若以泰美然也

曰：古者棺槨無度，中古棺七寸，槨稱之。自天子達於庶人，非直爲觀美也，然後盡於人心。孟子言古者棺槨薄厚無尺寸之度。中古，謂周公制禮以來，棺厚七寸，槨薄於棺，厚薄相稱相得也。從天子至於庶人，厚薄皆然，但重累之數、牆翣之飾有異。非直爲人觀視之美好也。厚者難腐朽，然後能盡於人心所不忍也。謂一世之後，孝子更去辟世，是爲人盡心也。過是以往，變化自其理也。○稱，尺證反。翣，山洽反。

不得，不可以爲悅；無財，不可以爲悅。得之爲有財，古之人皆用之，吾何爲獨不然？悅者，孝子之欲厚送親，得之則悅也。王制所禁。不得用之。不可以悅心也。無財以供。則度。而用之。禮。喪事不外求。不可稱貸而爲悅也。禮得用之。財足備之。古人皆用之。我何爲獨不然。然如是也。且比化者。無使土親膚。於人心獨無恔乎。恔。快也。棺槨敦厚。比親體之變化。且無令土親肌膚。於人子之心。獨不快然無所恨也。○比音庇。及也。恔音效。又音皎。撩也。吾聞之。君子不以天下儉其親。我聞君子之道。不以天下人所得用之物。儉約於其親。言事親竭其力者也。章指言孝必盡心。匪禮之踰。論語曰。生事之以禮。死葬之以禮。可謂孝矣。沈同以其私問曰。燕可伐與。孟子曰。可。子噲不得與人燕。子之不得受燕於子噲（沈同。齊大臣。自以其私情問。非王命也。故曰私。子噲燕王也。子之。燕相也。孟子曰可者。以子噲不以天子之命。而擅以國與子之。子之亦不受天子之命。而私受國於子噲。故曰其罪可伐。○噲苦壞反。燕。燕易王子）有仕於此。而子悅之。不告於王而私與之吾子之祿爵。夫士也亦無王命而私受之於子。則可乎。何以異於是（子。謂沈同也。孟子設此以譬燕王之罪）齊人伐燕（沈同以孟子言可。因歸勸其王伐燕）或問曰。勸齊伐燕。有諸（有人問孟子勸齊王伐燕。有之）曰。未也。沈同問燕可伐與。吾應之曰可。彼然而伐之也孟子曰。我未勸王也。同問可伐乎。吾曰可。彼然而伐之彼如曰。孰可以伐之。則將應之曰。爲天吏。則可以伐之彼如將問我曰。誰可以伐之我將曰。爲天吏則可以伐之。天吏。天所使。謂王者得天意者也。彼不復問孰可。便自往伐之今有殺人者。或問之曰。人可殺與。則將應之曰可。彼如曰。孰可以殺之。則將應之曰爲士師則可以殺之。今以燕伐燕。何爲勸之哉今有殺人者。問此人可殺否。將應之曰。可。爲士官主獄。則可以殺之矣。言燕雖有罪。猶當王者誅之耳。譬如殺人者。雖當死。士師乃得殺之耳。今齊國之政。猶燕政也。不能相踰。又非天吏也。我何爲當勸齊伐燕乎。章指言誅不義者。必須聖賢。禮樂征伐。自天子出。王道之正也

燕人畔。王曰。吾甚慙於孟子燕人畔。不肯歸齊。齊王聞孟子與沈同言爲未勸王。今竟不能有燕。故慙之陳賈曰。王無患焉。王自以爲與周公孰仁且智陳賈。齊大夫也。問王曰。自視何如周公仁智乎。欲爲王解孟子意。故曰王無患焉王曰。惡是何言也王歎曰。是何言。言周公何可及也曰。周公使管叔監殷。管叔以殷畔。知而使之。是不仁也。不知而使之。是不智也。仁智

周公未之盡也。而況於王乎。賈請見而解之。賈欲以此說孟子也。○監古咸反見孟子問曰。周公何人也。賈問之也曰。古聖人也。孟子曰。周公古之聖人也曰。使管叔監殷管叔以殷畔也。有諸。賈問有之否乎曰。然。孟子曰。如是也曰。周公知其將畔而使之與。賈問之也曰。不知也。孟子曰。周公不知其將畔然則聖人且有過與。過。謬也。賈曰。聖人且猶有謬誤曰。周公弟也。管叔兄也。周公之過。不亦宜乎。孟子以爲周公雖知管叔不賢。亦不必知其將畔。周公惟管叔弟也。故愛之。管叔念周公兄也。故望之。親親之恩也。周公於此過謬。不亦宜乎**且古之君子。過則改之。今之君子。過則順之。古之君子其過也如日月之食。民皆見之。及其更也。民皆仰之。今之君子。豈徒順之。又從爲之辭**古之所謂君子。眞聖人賢人君子也。周公雖有此過。乃誅三監。作大誥。明勑庶國。是周公改之也。今之所謂君子。非眞君子也。順過飾非。就爲之辭。孟子言此。以譏賈不能匡君。而欲以辭解之。章指言聖人親親。不文其過。小人順非。以諂其上也。○更古衡反

孟子致爲臣而歸辭齊卿而歸其室也**王就見孟子曰。前日願見**

而不可得謂未來仕齊也。遥聞孟子之賢。而不能得見之得侍同朝。甚喜來就爲卿。君臣同朝得相見。故喜也今又棄寡人而歸今致爲臣。棄寡人而歸也不識可以繼此而得見乎不知可以續今日之後。遂使寡人得相見否對曰。不敢請耳。固所願也。孟子對曰。言不敢自請耳。固心之所願也。孟子意欲使王繼今當自來謀也他日王謂時子曰。我欲中國而授孟子室。養弟子以萬鍾。使諸大夫國人皆有所矜式。子盍爲我言之時子。齊臣也。王欲於國中央爲孟子築室。使養教一國君臣之子弟。與之萬鍾之祿。中國者。使學者遠近鈞也。矜。敬也。式。法也。欲使諸大夫國人。皆敬法其道。盍。何不也。謂時子何不爲我言之於孟子。知肯就之否

時子因陳子而以告孟子 陳子。孟子弟子陳臻

陳子以時子之言告孟子。孟子曰。然。夫時子惡知其不可也。如使予欲富。辭十萬而受萬。是爲欲富乎 孟子曰如是。夫時子安能知其不可乎。時子以我爲欲富。故以祿誘我。我往者享十萬鍾之祿。以大道不行。故去耳。今更當受萬鍾。是爲欲富乎。距時子之言也

季孫曰異哉子叔疑 二子。孟子弟子也。季孫知孟子意不欲。而心欲使孟子就之。故曰異哉弟子之所聞也。子叔心

疑。亦以爲可就也。○子叔疑。文公集註作人名使己爲政不用則亦已矣又使其子弟爲卿人亦孰不欲富貴而獨於富貴之中有私龍斷焉孟子解二子之異意疑心曰。齊王使我爲政。不用則亦自止矣。今又欲以其子弟故。使我爲卿。而與我萬鍾之禄。人亦誰不欲富貴乎。是猶獨於富貴之中。有此私登龍斷之類也。我則耻之。○龍音壟古之爲市也以其所有易其所無者有司者治之耳有賤丈夫焉必求龍斷而登之以左右望而罔市利人皆以爲賤故從而征之征商自

此賤丈夫始矣古者市置有司。但治其爭訟。不征稅也。賤丈夫。貪人可賤者也。入市則求龍斷而登之。龍斷謂堁斷而高者也。左右占望。見市中有利。罔羅而取之。人皆賤其貪也。故就征取其利。後世緣此遂征商人。孟子言我苟貪萬鍾。不恥屈道。亦與此賤丈夫何異也。古者。謂周公以前。周禮有關市之賦也。章指言君子正身行道。道之不行。命也。不爲利回。創業可繼。是以君子以龍斷之人爲惡戒也

孟子去齊宿於晝。有欲爲王留行者晝。齊西南近邑也。孟子去齊欲歸鄒。至晝而宿也。齊人之知孟子者。追送見之。欲爲王留孟子之行。○晝文公如字。或曰當作畫。音獲

坐而言。不應。隱几而臥客危坐而言。留孟子之言也。孟子不

應荅。因隱倚其几而臥也。○隱於靳反

客不悅曰。弟子齊宿而後敢言。夫子臥而不聽。請勿復敢見矣。

齊，敬。宿，素也。弟子素持敬心來言。夫子慢我。不受我言。言而遂起。退欲去。請絕也。○齊音齋。復文公去聲

曰。坐。我明語子。

孟子止客曰。且坐。我明告語子。○語魚據反

昔者魯繆公無人乎子思之側。則不能安子思。泄柳申詳無人乎繆公之側。則不能安其身

往者魯繆公尊禮子思。子思以道不行。則欲去。繆公常使賢人往留之。說以方且聽子爲政。然則子思復留。泄柳。申詳。亦賢者也。繆公尊之不如子思。二子常有賢者在繆公之側

勸以復之。其身乃安也。【繆】音穆

子爲長者慮，而不及子思。子絕長者乎？長者絕子乎？長者，老者也。孟子年老，故自稱長者。言子爲我慮，不如子思時賢人也。不勸王使我得行道，而但勸我留。留者何爲哉？此爲子絕我乎？又我絕子乎？何爲而慍恨也？章指言：惟賢能安賢，智能知微，以愚喻智，道之所以乖也。【長】展兩反

孟子去齊，尹士語人曰："不識王之不可以爲湯武，則是不明也；識其不可，然且至，則是干澤也。千里而見王，不遇故去，三宿而後出晝，是何濡滯也？士則茲不悅。"尹士，齊人也。于

求也。澤。祿也。尹士與論者言之云。孟子不知則爲求祿。濡滯。猶稽也。旣去。近留於晝三日。怪其猶久。故云士於此事不悅也

高子以告高子亦齊人。孟子弟子也。以尹士之言告孟子也

曰。夫尹士惡知予哉。千里而見王。是予所欲也。不遇故去。豈予所欲哉。予不得已也孟子曰。夫尹士安能知我哉。我不得已而去耳。何汲汲而驅馳乎

予三宿而出晝。於予心猶以爲速。王庶幾改之。王如改諸。則必反予我自謂行速疾矣。冀王庶幾能反覆招還我矣

夫出晝而王不予追也。予然後浩然有歸志浩然。

心浩浩有遠志。子雖然。豈舍王哉。王由足用爲善。王如用予。則豈徒齊民安。天下之民舉安。王庶幾改之。予日望之。孟子以齊大國。知其可以行善政。故戀戀望王之改而反之。是以安行也。豈徒齊民安。言君子達則兼善天下也。舍音捨。下舍我同。子豈若是小丈夫然哉。諫於其君而不受。則怒悻悻然見於其面。去則窮日之力而後宿哉。我豈若猶急小丈夫。恚怒其君而去。極日力而宿。懼其不遠者哉。論語曰。悻悻然小人哉。言己志大。在於濟一世之民。不爲小節也。悻形頂反。很也。直也。見音現。尹士聞之。曰。士誠小人也。尹士聞義則服。章指言大德洋洋。介士察察。賢者志其大者。不賢者志其小者。此之謂也。

孟子去齊。充虞路問曰。夫子若有不豫色然。前日虞聞諸夫子曰。君子不怨天。不尤人。路。道也。於路中問也。充虞謂孟子去齊有恨心。顏色不悅也。

曰。彼一時。此一時也。五百年必有王者興。其間必有名世者。由周而來七百有餘歲矣。以其數則過矣。以其時考之則可矣。彼前聖賢之出是有時也。今此時亦是其一時也。五百年有王者興。有興王道者也。名世。次聖之才。物來能名正一世者。生於聖人之間也。七百有餘歲。謂周家王迹始興。大王文王以來。考驗其時。則可有也。夫天未欲平治天下也。如欲平治天下。當今之世。舍我其誰也。吾何爲不豫哉。孟子自謂能當名世之士。時又值之。而不得施。此乃天自未欲平治天下耳。非我之愆。我固不怨天。何爲不悅豫乎。章指言聖賢興作與天消息。天非人不因。人非天不成。是故知命者不憂不懼也。

孟子去齊居休。公孫丑問曰。仕而不受禄。古之道乎。休。地名。丑問古人之道。仕不受禄邪。怪孟子於齊不受禄也。曰。非也。於崇。吾得見王。退而有去志。不欲變故不受也崇，齊地。孟子言不受祿，非古之道也。於崇吾始得見齊王，知其不能納善，退出，志欲去矣。不欲即去，若為變詭，見非泰甚，故且宿留，心欲去，故不復受祿。○宿音秀。留音霤。

繼而有師命，不可以請。久於齊，非我志也。言我本志欲速去，繼見之後，有師旅之命，不得請去，故使我久而不受祿耳。久非我本志也。章指言祿以食功，志以率事，無事而食其祿，君子不由也。○食功，音嗣。

孟子卷第四

孟子卷第五

滕文公章句上

滕文公爲世子將之楚過宋而見孟子孟子道性善言必稱堯舜文公爲世子使於楚而過宋孟子時在宋與相見也滕侯周文王之後也古紀世世本録諸侯之世滕國有考公麋與文公之父定公相直其子元公弘與文公相直似後世避諱改考公爲定公以元公行文德故謂之文公也孟子與世子言人生皆有善性但當充而用之耳又言堯舜之治天下不失仁義之道欲勸勉世子也麋居筠反相直直音值

世子自楚反復見孟子從楚

還。復詣孟子。欲重受法則也。〇復扶又反孟子曰。世子疑吾言乎。
夫道一而已矣世子疑吾言有不盡乎。夫天下之道。一言而已。惟有行善耳。復何疑也成覸謂齊景公曰。彼丈夫也。我丈夫也。吾何畏彼哉成覸。勇果者也。與景公言曰。尊貴者與我同丈夫耳。我亦能爲之。我何爲畏之哉。〇覸古莧反。一音閒顏淵曰。舜何人也。子何人也。有爲者亦若是言欲有所爲。當若顏淵庶幾。成覸不畏。乃能有所成耳。又以是勉世子也公明儀曰。文王我師也。周公豈欺我哉公明儀。賢者也。師文王。信周公。言其知所法則也今滕絕長補短。將五十里也。猶可以爲善國。滕雖小。其境界長短相補。可得大五十里。子男之國也。尚可以行善者也。書曰。若藥不瞑眩。厥疾不瘳。書。逸篇也。瞑眩。藥攻人疾。先使瞑眩憒亂。乃得瘳愈也。喻行仁當精熟。德惠乃洽也。章指言人當上則聖人。秉仁行義。高山景行。庶幾不倦。論語曰。力行近仁。蓋不虛云。〔瞑〕莫甸反〔眩〕音縣〔憒〕古對反。力行近仁。論語無此語。是中庸篇。趙氏誤

滕定公薨。世子謂然友曰。昔者孟子嘗與我言於宋。於心終不忘。今也不幸至於大故。吾欲使子問於孟子。然後行事。定公。文公父也。然友。世子之傅

也。大故。謂大喪也。然友之鄒問於孟子。孟子歸在鄒也。孟子曰。不亦善乎。親喪固所自盡也。不亦者。亦也。問此亦其善也。曾子曰。生事之以禮。死葬之以禮。祭之以禮。可謂孝矣。曾子傳孔子之言。孟子欲令世子。如曾子之從禮也。時諸侯皆不行禮。故使獨行之也。諸侯之禮。吾未之學也。雖然。吾嘗聞之矣。三年之喪。齊疏之服。飦粥之食。自天子達於庶人。三代共之。孟子言我雖不學諸侯之禮。嘗聞師言。三代以來。君臣皆行三年之喪。齊疏。齊衰也。飦。饘粥也。○齊音資疏所居反飦諸延反衰音崔齊與齋同然友反命。定爲三年之喪。父兄百官皆不欲。曰。吾宗國魯先君莫之行。吾先君亦莫之行也。至於子之身而反之。不可。父兄百官。滕之同姓異姓諸臣也。皆不欲使世子行三年。滕魯同姓。俱出文王。魯周公之後。滕叔繡之後。敬聖人。故宗魯者也。且志曰。喪祭從先祖。曰。吾有所受之也。父兄百官且復言也。志。記也。周禮小史掌邦國之志。曰。喪祭之事。各從其先祖之法。言我轉有所承受之。不可於己身獨改更也。一說吾有所受之。世子言我受之於孟子也。謂然友曰。吾他日未嘗學問。好馳馬試劒。今也父兄百官不我足也。恐其不能盡於大事。子爲我問孟子。父兄百官見我他日所行。謂我志行不足。似恐我不能盡大事之禮。故止我也。爲我問孟子。當何以服其心。使信我也。○好。呼報反。下好者。好聚。好施。皆同。爲于僞反。下既爲。復爲。爲天下。親爲。非爲。皆同。然友復之鄒。問孟子。孟子曰。然。不可以他求者也。孔子曰。君薨。聽於冢宰。歠粥。面深墨。即位而哭。百官有司莫敢不哀。先之也。孟子言如是不可用他事求也。喪尚哀。惟當以哀戚感之耳。國君薨。委政冢宰大臣。嗣君但盡哀情。歠粥不食。顏色深墨。深。甚也。墨。黑也。即喪位而哭。百官有司莫敢不哀者。以君先哀故也。○歠川悅反上有好者下必有甚焉者矣君子之德風也小人之德草也草尚之風必偃是在世子上之所欲。下以爲俗。尚。加也。偃。伏也。以風加草。莫不偃伏也。是在世子以身帥之也然友反命。世子曰然是誠在我世子聞之。知其在身。欲行之也五月居廬未有命戒百官族人可謂曰知諸侯五月而葬。未葬。居倚廬於中門之內也。未有命戒。居喪不言也。異姓同姓之臣。可謂曰知世子之能行禮也及至葬四方來觀之顏色之戚哭泣之哀。

弔者大悅四方諸侯之賓來弔會者。見世子之憔悴哀戚。大悅其孝行之高美也。章指言事莫當於奉禮。孝莫大於哀慟。從善如流。文公之謂也 滕文公問爲國。孟子曰。民事不可緩也問治國之道也。民事不可緩之使怠惰。當以政督趣。教以生産之務也。○趣音促 詩云。晝爾于茅。宵爾索綯。亟其乘屋。其始播百穀詩邠風七月之篇。言教民晝取茅草。夜索以爲綯。綯。絞也。及爾閒暇。亟而乘蓋爾野外之屋。春事起。爾將始播百穀矣。言農民之事無休已。○索桑洛反綯音桃亟音棘 民之爲道也。有恒産者有恒心。無恒産者無恒心。苟無恒心。放辟邪侈。無不爲已。及陷乎罪。然後從而刑之。是罔民也。焉有仁人在位。罔民而可爲也。義與上篇同。孟子既爲齊宣王言之。滕文公問。復爲究陳其義。故各自載之也。○辟音僻

是故賢君必恭儉禮下。取於民有制。古之賢君。身行恭儉。禮下大臣。賦取於民。不過什一之制也。

陽虎曰。爲富不仁矣。爲仁不富矣。陽虎。魯季氏家臣也。富者好聚。仁者好施。施不得聚。道相反也。陽虎非賢者也。言有可采。不以人廢言也。

夏后氏五十而貢。殷人七十而助。周人百畝而徹。其實皆什一也。徹者

徹也。助者藉也。夏禹之世。號夏后氏。后。君也。禹受禪於君。故夏稱后。殷周順人心而征伐。故言人也。民耕五十畝。貢上五畝。耕七十畝者。以七畝助公家。耕百畝者。徹取十畝以爲賦。雖異名而多少同。故曰皆什一也。徹。猶人徹取物也。藉者借也。猶人相借力助之也。〇徹直列反龍子曰。治地莫善於助。莫不善於貢。貢者校數歲之中以爲常。龍子古賢人也。言治土地之賦。無善於助者也。貢者。校數歲以爲常。類而上之。民供奉之。有易有不易。故謂之莫不善也。〇數色主反。易去聲樂歲粒米狼戾。多取之而不爲虐。則寡取之。凶年糞其田而不足。則必取盈

焉

樂歲豐年。狼戾猶狼藉也。粒米粟米之粒也。饒多狼藉。棄捐於地。是時多取於民。不爲暴虐也。而反以常類少取之。至於凶年飢歲。民人糞治其田。尚無所得。不足以食。而公家取其稅。必滿其常數焉。不若從歲飢穰。以爲多少。與民同也。〇樂音洛

爲民父母。使民盻盻然。將終歲勤動。不得以養其父母。又稱貸而益之。使老稚轉乎溝壑。惡在其爲民父母也

盻盻勤苦不休息之貌。動作。稱舉也。言民勤身動作。終歲不得以養食其父母。公賦當畢。有不足者。又當舉貸子倍而益滿之。至使老小轉尸溝壑。安可以爲民之父母也。〇盻五禮反。恨視也。亦匹莧反。又許乙反。文公云。音普莧者非。養餘亮

反。下莫養。奉養。皆同。稱貸竝如字。惡音烏。後惡得。惡能。同。夫世祿滕固行之矣。古者諸侯卿大夫士。有功德則世祿。賜族者也。官有世功也。其子雖未任居官。則世食其父祿。賢者子孫必有土之義也。滕固知行是矣。言亦當恤民之子弟。閔其勤勞者也。任音壬。詩云雨我公田。遂及我私。惟助爲有公田。由此觀之。雖周亦助也。詩小雅大田之篇。言大平時。民悅其上。願欲天之先雨公田。遂以次及我私田也。猶殷人助者。爲有公田耳。此周詩也。而云雨公田。知雖周家時亦助也。雨于付反。設爲庠序學校以教之。以學習禮教化於國。校音效。下同。庠者養也。校者教也。序者射也。夏曰校。殷曰序。周曰庠。學則三代共之。皆所以明人倫也。養者。養耆老。教者。教以禮義。射者。三耦四矢。以達物導氣也。學則三代同名。皆謂之學。學乎人倫。人倫者。人事也。猶洪範曰彝倫攸敘。謂常事所序也。○射神夜反人倫明於上。小民親於下。有王者起。必來取法。是爲王者師也。有行三王之道而興起者。當取法於有道之國也詩云。周雖舊邦。其命惟新。文王之謂也。子力行之。亦以新子之國。詩。大雅文王之篇。言周雖后稷以來舊爲諸侯。其受王命。惟文王新復脩治禮義以致之耳。以是勸勉文公。欲使庶幾新其國也。使畢戰問井地。畢戰，滕臣也。問古井田之法。時諸侯各去典籍，人自爲政，故井田之道不明也。孟子曰：子之君將行仁政，選擇而使子，子必勉之。夫仁政必自經界始。經界不正，井地不鈞，穀祿不平。子，畢戰也。經，亦界也。必先正其經界，勿侵鄰國，乃可鈞井田，平穀祿。穀所以爲祿也。周禮小司徒曰：乃經土地而井牧其田野。言正其土地之界，乃定受其井牧之處也。是故暴君汙吏必慢其經界。經界既正，分田制祿可坐而定也。暴君，殘虐之君。汙吏，貪吏也。慢經界不正本也。必相侵陵，長爭訟也。分田，賦廬井也。

制祿。以庶人在官者比上農夫。轉以爲差。故可坐而定也。○汙烏路反。又音烏

夫滕壤地褊小。將爲君子焉。將爲野人焉。無君子莫治野人。無野人莫養君子。

褊小。謂五十里也。爲有也。雖小國亦有君子。亦有野人。言足以爲善政也。

請野九一而助。國中什一使自賦。

九一者。井田以九頃爲數而供什一。郊野之賦也。助者。殷家稅名也。周亦用之。龍子所謂莫善於助也。時諸侯不行助法。國中什一者。周禮園廛二十而稅一。時行重賦。責之什一也。而。如也。自從也。孟子欲請使野人如助法。什一而稅之。國中從其本賦。二十而稅一以寬之。

卿以下必有圭田。圭田五十畝。

餘夫二十五畝古者卿以下至於士。皆受圭田五十畝。所以供祭祀。圭。潔也。上田。故謂之圭田。所謂惟士無田。則亦不祭。言絀士無絜田也。井田之民。養公田者受百畝。圭田半之。故五十畝。餘夫者。一家一人受田。其餘老小尚有餘力者。受二十五畝。半於圭田。謂之餘夫也。受田者。田萊多少有上中下。周禮曰。餘夫亦如之。亦如上中下之制也。王制曰。夫圭田無征。謂餘夫圭田皆不出征賦也。時無圭田餘夫。孟子欲令復古。所以重祭祀。利民之道也。**死徙無出鄉**死。謂葬死也。徙。謂爰土易居。平肥磽也。不出其鄉。易爲功也。○㊀絀音黜**鄉田同井。出入相友。守望相助。疾病相扶持。則百姓親睦**同鄉之田。共井之家。各相營勞也。出入相友。相友耦也。周禮大宰曰。八曰友以任得民。守望相助。助察姦也。疾病相扶持。扶持其羸弱。救其困急。皆所以教民相親睦之道。睦。和也。**方里而井。井九百畝。其中爲公田。八家皆私百畝。同養公田。公事畢。然後敢治私事。所以別野人也。**方一里者。九百畝之地也。爲一井。八家各私得百畝。同共養其公田之苗稼。公田八十畝。其餘二十畝。以爲廬宅園圃。家二畝半也。先公後私。遂及我私之義也。則是野人之事。所以別於士伍者也。○〔養〕文公去聲〔別〕彼列反。下有別同**此其大略也。若夫潤澤之。則在君與子矣。**略。要也。其井田之大要如是。而加慈惠潤澤之。

則在滕君與子。共戮力撫循之也。章指言尊賢師知。采人之善。善之至也。脩學校。勸禮義。勑民事。正經界。鈞井田。賦什一。則爲國之大本也。○知音智

有爲神農之言者許行。自楚之滕。踵門而告文公曰。遠方之人。聞君行仁政。願受一廛而爲氓。神農。三皇之君炎帝神農氏也。許。姓。行。名也。治爲神農之道者。踵。至也。廛。居也。自稱遠方之人。願爲氓。氓。野人之稱。○許行音衡。又下孟反。踵之隴反

文公與之處。其徒數十人。皆衣褐。捆屨織席以爲食。文公與之居處。舍之宅也。其徒。學其業者也。衣褐。貧也。捆猶叩椓也。織屨欲使堅。故叩之也。賣屨席以供食飲也。○

衣於既反。下同。梱音闔。陳良之徒陳相與其弟辛負耒耜而自宋之滕，曰：「聞君行聖人之政，是亦聖人也，願爲聖人氓。」陳良，儒者也。陳相、良之門徒也。辛，相弟。聖人之政，謂仁政也。相去平並通。陳相見許行而大悅，盡棄其學而學焉。棄陳良之儒道，更學許行神農之道也。陳相見孟子，道許行之言曰：「滕君則誠賢君也，雖然，未聞道也。陳相言許行以爲滕君未達至道也。賢者與民並耕而食，饔飧而治。今也滕有倉廩府庫，則是厲民而以自養也。惡得賢相言許子以爲古賢君。當與民並耕而各自食其力。饔飧熟食也。朝曰饔。夕曰飧。當身自具其食。兼治政事耳。今滕賦稅。有倉廩府庫之富。是爲厲病其民。以自奉養。安得爲賢君乎。三皇之時。質樸無事。故道若此也。○饔音雍。飧音孫。當身。去聲

孟子曰。許子必種粟而後食乎問許子必自身種粟乃食之邪曰。然相曰。然。許子自種之許子必織布然後衣乎孟子曰。許子自織布然後衣之乎曰。否。許子衣褐相曰。不自織布。許子衣褐。以毳織之。若今馬衣者也。或曰。褐。枲衣也。一曰。粗布衣也許子冠乎孟子問相曰。冠相曰。冠也曰。奚冠孟子問許子何冠也曰。冠素相曰

許子冠素曰。自織之與孟子曰。許子自織素與曰。否。以粟易
之相言許子以粟易素曰。許子奚爲不自織孟子曰。許子何爲不
自織素乎曰。害於耕相曰。織妨害於耕。故不自織也曰。許子以釜
甑爨。以鐵耕乎爨。炊也。孟子曰。許子寧以釜甑炊食。以鐵爲犁。用之耕否
邪曰。然。相曰。用之自爲之與孟子曰。許子自冶鐵陶瓦器邪曰。否。
以粟易之相曰。不自作鐵瓦。以粟易之也以粟易械器者。不
爲厲陶冶。陶冶亦以其械器易粟者。豈爲厲
農夫哉。且許子何不爲陶冶。舍皆取諸其宮

中而用之，何爲紛紛然與百工交易？何許子之不憚煩？械器之揔名也。厲，病也。以粟易器不病陶冶，陶冶亦何以爲病農夫乎。且許子何爲不自陶冶。舍者，止也。止不肯皆自取之其宮宅中而用之。何爲反與百工交易。紛紛爲煩也。舍音赦曰：百工之事，固不可耕且爲也。相曰，百工之事，固不可耕且爲，故交易也。然則治天下獨可耕且爲與？孟子言百工各爲其事，尚不可得耕且兼之。人君自天子以下，當治天下政事，此反可得耕且爲邪。欲以窮許行之非滕君不親耕也。孟子謂五帝以來，有禮義上下之事，不得復若三皇之道也。言許子不知禮也有大人之事，有小人之事。且一人之身。而百工之所爲備。如必自爲而後用之。是率天下而路也。孟子言人道自有大人之事。謂人君行敎化也。小人之事。謂農工商也。一人而備百工之所作。作之乃得用之者。是率導天下人以羸困之路也。故曰。或勞心。或勞力。勞心者治人。勞力者治於人。治於人者食人。治人者食於人。天下之通義也。勞心者君也。勞力者民也。君施敎以治理之。民竭力治公田以奉養其上。天下通義所常行也。○食人。音嗣。食於人。如字。文公竝如字。當堯之時。天下猶未平。洪水橫流。氾濫於天下。草木暢茂。禽獸繁殖。五穀不登。禽獸偪人。獸蹄鳥迹之道。交於中國。堯獨憂之。舉舜而敷治焉。遭洪水。故天下未平。水盛。故草木暢茂。草木盛。故禽獸繁息衆多也。登。升也。五穀不足升用也。猛獸之迹。當在山林。而反交於中國。懼害人。故堯獨憂念之。敷。治也。書曰。禹敷土。治土也。○氾音泛。偪音逼。舜使益掌火。益烈山澤而焚之。禽獸逃匿。掌。主也。主火之官。猶古火正也。烈。熾也。益視山澤草木熾盛者而焚燒之。故禽獸逃匿而遠竄也。禹疏九河。瀹濟漯而注諸海。決汝漢。排淮泗而注之江。然後中國可得而食也。當是時也。禹八年於外。三過其門而不入。雖欲耕得乎疏通也。瀹治也。排壅也。於是水害除。故中國之地可得耕而食也。禹勤事於外八年之中。三過其家門而不入。書曰。辛壬癸甲。啓呱呱而泣。如此寧得耕乎后稷教民○瀹音藥。濟子禮反。漯他合反稼穡樹藝五穀。五穀熟而民人育棄爲后稷也。樹種。藝殖也。五穀謂稻黍稷麥菽也。五穀所以養人也。故言民人育也人之有道也。飽食煖衣逸居而無教。則近於禽獸。聖人有憂之。使契爲司徒。教以人倫。父子有親。君臣有義。夫婦有別。長幼有敘。朋友有信。司徒主人。教以人事。父父。子子。君君。臣臣。夫夫。婦婦。兄兄。弟弟。朋友貴信。契之教也。○契音薛

放勳日。勞之來之。匡之直之。輔之翼之。使自得之。又從而振德之。放勳。堯名也。遭水災。恐其小民放辟邪侈。故勞來之。匡正直其曲心。使自得其本善性。然後又復從而振其羸窮。加德惠也。○放方往反。曰音馹。或作曰誤。勞來並去聲。放勳日。文公日作曰

聖人之憂民如此。而暇耕乎。重喻陳相

堯以不得舜爲己憂。舜以不得禹皐陶爲己憂。夫以百畝之不易爲己憂者。農

夫也。分人以財謂之惠。教人以善謂之忠。爲天下得人者謂之仁。言聖人以不得賢聖之臣爲己憂。農夫以百畝不治易爲己憂。○易去聲是故以天下與人易。爲天下得人難。爲天下求能治天下者。難得也。故言以天下傳與人。尚爲易也。○爲文公去聲孔子曰。大哉堯之爲君。惟天爲大。惟堯則之。蕩蕩乎。民無能名焉。君哉舜也。巍巍乎。有天下而不與焉。堯舜之治天下。豈無所用其心哉。亦不用於耕耳。天道蕩蕩乎大無私。生萬物而不知其所由來。堯法天。故民無能名堯德者也。舜得人君之道哉。德盛乎。巍巍乎。有天下之位雖貴盛。不能與益舜巍巍之德。言德之大。大於天子位也。堯舜蕩蕩巍巍如此。但不用心於躬自耕也。

（與）音豫。亦如字。**吾聞用夏變夷者。未聞變於夷者也。**當以諸夏之禮義化變夷蠻之人耳。未聞變化於夷蠻之人。則其道也。**陳良楚產也。悅周公仲尼之道。北學於中國。北方之學者。未能或之先也。彼所謂豪傑之士也。子之兄弟事之數十年。師死而遂倍之。**陳良生於楚。北游中國。學者不能有先之者也。可謂豪傑過人之士也。子之兄弟。謂陳相陳辛也。數十年師事陳良。良死而倍之。更學於許行。非之也。○倍當作偝。下同昔者孔子沒三年之外。門人治任將歸。入揖於子貢。相嚮而哭。皆失聲。然後歸。子貢反。築室於場。獨居三年。然後歸。任。擔也。失聲。悲不能成聲。場。孔子冢上祭祀壇場也。子貢獨於場左右築室。復三年。慎終追遠也。○任而針反他日。子夏子張子游以有若似聖人。欲以所事孔子事之。强曾子。曾子曰。不可。江漢以濯之。秋陽以暴之。皜皜乎。不可尚已。有若之貌似孔子。此三子者。思孔子而不可復見。故欲尊有若以作聖人。朝夕奉事之。如事孔子。以慰思也。曾子不肯。以爲聖人之絜白。如濯之江漢。暴之秋陽。秋陽。周之秋。夏之五月六月盛陽也。皜皜。甚白也。何可尚而乃欲以有若之質。放聖人之坐席乎。尊師道。故不肯。○強其丈反。暴蒲木反。皜音杲。

今也南蠻鴃舌之人。非先王之道。子倍子之師而學之。亦異於曾子矣。吾聞出於幽谷遷于喬木者。未聞下喬木而入於幽谷者。今此許行。乃南楚蠻夷。其舌之惡。如鴃鳥耳。鴃。博勞也。詩云。七月鳴鴃。應陰而殺物者也。許子託於大古。非先聖王堯舜之道。不務仁義。而欲使君臣竝耕。傷害道德。惡如鴃舌。與曾子之心。亦異遠也。人當出深谷上喬木。令子反。下喬木入深谷。○鴃音決。又古役反。

魯頌曰：戎狄是膺。荆舒是懲。周公方且膺之，子是之學，亦爲不善變矣。詩魯頌閟宮之篇也。膺，擊也。懲，艾也。周家時擊戎狄之不善者，懲止荆舒之人，使不敢侵陵也。周公常欲擊之，言南夷之人難用。而子反悅是人而學其道，亦爲不善變更矣。孟子究陳此者，深以責陳相也。

從許子之道，則市賈不貳，國中無僞。雖使五尺之童適市，莫之或欺。布帛長短同，則賈相若；麻縷絲絮輕重同，則賈相若；五穀多寡同，則賈相若；屨大小同，則賈相若。陳相復爲孟子言此。如使從許子淳樸之道，可使市無二賈，不相僞詐，不欺愚小也。長短，謂尺丈。輕重，謂斤兩。多寡，謂斗石。大小，謂尺寸。皆言其同賈，故曰無二賈者也。〇賈音嫁，下同。曰：夫物之不齊，物之情也。或相倍蓰，或相什百，或相千萬。子比而同之，是亂天下也。巨屨小屨同賈，人豈爲之哉？從許子之道，相率而爲僞者也，惡能治國家？孟子曰：夫萬物好醜異賈，精粗異功。其不齊同，乃物之情性也。蓰，五倍也。什，十倍也。至於千萬相倍。譬若和氏之璧，雖與凡玉之璧尺寸厚薄適等，其賈豈可同哉？子欲以大小相比而同之，則使天下有爭亂之道也。巨。粗屨也。小。細屨也。如使同賈而賣之。人豈肯作其細者哉。時許子敎人僞者耳。安能治國家者也。章指言神農務本。敎於凡民。許行蔽道。同之君臣。陳相倍師。降於幽谷。不理萬情。謂之敦樸。是以孟子博陳堯舜上下之敘。以匡之也。○〔蓰〕音師。又山綺反。史記作蓓灑。〔比〕音鼻

墨者夷之因徐辟而求見孟子。夷之。治墨家之道者。徐辟。孟子弟子也。求見孟子。欲以辯道也。○〔辟〕音壁。又音闢

孟子曰。吾固願見。今吾尚病。病愈。我且往見。我常願見之。今值我病。不能見也。病愈。將自往見。以辭却之

夷子不來。他日。又求見孟子。是日。夷子聞孟子病。故不來。他日。復往求見

孟子曰。

吾今則可以見矣。不直則道不見。我且直之。告徐子曰。今我可以見夷之矣。不直言攻之。則儒家聖道不見。我且欲直攻之也。○不見音現

吾聞夷子墨者。墨之治喪也。以薄爲其道也。夷子思以易天下。豈以爲非是而不貴也。然而夷子葬其親厚。則是以所賤事親也。我聞夷子爲墨道。墨者治喪。貴薄而賤厚。夷子思欲以此道。易天下之化。使從己。豈肯以薄爲非是而不貴之也。如使夷子葬其父母厚也。是以所賤之道。奉其親也。如其薄也。下言上世不葬者。又可鄙。足爲戒也。吾欲以此攻之也。

徐子以告夷子。夷子

曰。儒者之道。古之人若保赤子。此言何謂也。之則以爲愛無差等。施由親始。之。夷子名也。言儒家曰。古之治民。若安赤子。此何謂乎。之以爲當同其恩愛。無有差次等級相殊也。但施厚之事。先從己親屬始耳。若此。何爲獨非墨道也。徐子以告孟子。孟子曰。夫夷子信以爲人之親其兄之子爲若親其鄰之赤子乎。彼有取爾也。赤子匍匐將入井。非赤子之罪也。親。愛也。夫夷子以爲人愛兄子。與愛鄰人之子等邪。彼取赤子將入井。雖他人子。亦驚救之。故謂之愛同也。此但以赤子無知。非其罪惡。故救之耳。

夷子必以此況之。未盡達人情者也。○匍音蒲，匐蒲北反。且天之生物也。使之一本。而夷子二本故也。天生萬物。各由一本而出。今夷子以他人之親。與己親等。是爲二本。故欲同其愛也。蓋上世嘗有不葬其親者。其親死。則舉而委之於壑。上世未制禮之時。壑。路傍坑壑也。其父母終。舉而委棄之壑中也。他日過之。狐狸食之。蠅蚋姑嘬之。其顙有泚。睨而不視。夫泚也。非爲人泚。中心達於面目。蓋歸反蔂梩而掩之。掩之誠是也。則孝子仁人之掩其親。亦必有

道矣嘬。攢共食之也。顙。額也。泚。汗出泚泚然也。見其親爲獸蟲所食。形體毀敗。中心
慙。故汗泚泚然出於額。非爲他人而慙也。自
出其心。聖人緣人心而制禮也。蘽。梩。籠臿之
屬。可以取土者也。而掩之。實是其道。則孝子
仁人掩其親。有以也。○蚋音汭。泚七禮反。睨
音詣。爲文公去聲。蘽
力追反。梩力知反。徐子以告夷子。夷子憮
然爲間曰。命之矣。孟子言是以爲墨家薄葬。
不合道也。徐子復以告夷
子。夷子憮然者。猶悵然也。爲間者。有頃之間
也。命之。猶言受命教矣。章指言聖人緣情。制
禮奉終。墨子玄同。質而違中。以直正枉。
憮然改容。蓋其理也。○憮音武。間如字

孟子卷第五

盱郡重刊
廖氏善本

孟子卷第六

滕文公章句下

陳代曰：不見諸侯，宜若小然。今一見之，大則以王，小則以霸。且志曰：枉尺而直尋。宜若可爲也。陳代，孟子弟子也。代見諸侯有來聘請孟子，孟子有所不見，以爲孟子欲以是爲介，故言此介得無爲狹小乎？如一見之，儻得行道，可以輔致霸王乎？志，記也。枉尺直尋，欲使孟子屈己信道，故言宜若可爲也。○王文公去聲。信音伸。

孟子曰：昔齊景公田，招虞人以旌，不至，將殺之。虞人，守苑囿之吏也。

（招之當以皮冠。而以旌。故不至也）志士不忘在溝壑。勇士不忘喪其元。孔子奚取焉。取非其招不往也。如不待其招而往何哉（志士。守義者也。君子固窮。故常念死無棺椁。沒溝壑而不恨也。勇士。義勇者也。元。首也。以義則喪首不顧也。孔子奚取。取守死善道。非禮招己則不往。言虞人不得其招尚不往。如何君子而不待其招。直事妄見諸侯者。何爲也。○喪文公去聲）且夫枉尺而直尋者。以利言也。如以利則枉尋直尺而利。亦可爲與（尺小尋大。不可枉大就小而以要利也）昔者趙簡子使王良與嬖奚乘。終日而不獲一禽。嬖奚反命曰。天下之賤工也。趙簡子。晉卿也。王良。善御者也。嬖奚。簡子幸臣。以不能得一禽。故反命於簡子。謂王良天下鄙賤之工師也。乘音剩。下同。○或以告王良。良曰。請復之。聞嬖奚賤之。故請復與乘。彊而後可。彊嬖奚乃肯行。○彊其丈反。一朝而獲十禽。嬖奚反命曰。天下之良工也。以一朝得十禽。故謂之良工。簡子曰。我使掌與女乘。掌。主也。使王良主與女乘。謂王良。良不可。王良不肯。曰。吾為之範我馳驅。終日不獲一。為之詭遇。一朝而獲十。範。法也。王良曰。我為

之法度之御應禮之射正殺之禽不能得一横而射之曰詭遇非禮之射則能獲十言嬖奚小人也不習於禮。為文公去聲射之食亦反

詩云不失其馳舍矢如破我不貫與小人乘請辭詩小雅車攻之篇也言御者不失其馳驅之法則射者必中之順毛而入順毛而出一發貫臧應矢而死者如破矣此君子之射也貫習也我不習與小人乘不願掌與嬖奚同乘故請辭。舍音捨貫音慣臧如字

御者且羞與射者比比而得禽獸雖若丘陵弗爲也如枉道而從彼何也孟子引此以喻陳代云御者尚知恥羞此射者不欲與比子如何欲使我枉正道而從彼驕慢諸侯而見之。

（比）毗志反。下同。且子過矣。枉己者未有能直人者也。謂陳代之言過謬也。人當以直矯枉耳。己自枉曲。何能正人。章指言脩禮守正。非招不往。枉道富貴。君子不許。是以諸侯雖有善其辭命。伯夷亦不屑就也。

景春曰。公孫衍張儀豈不誠大丈夫哉。一怒而諸侯懼。安居而天下熄。景春。孟子時人。爲從橫之術者。公孫衍。魏人也。號爲犀首。常佩五國相印。爲從長。秦王之孫。故曰公孫。張儀。合從者也。一怒則構諸侯。使強陵弱。故言懼也。安居不用辭說。則天下兵革熄也。○（熄）音息。

孟子曰。是焉得爲大丈夫乎。子未學禮乎。丈夫之冠也。父命之。

女子之嫁也，母命之，往送之門，戒之曰：往之女家，必敬必戒，無違夫子。以順爲正者，妾婦之道也。孟子以禮言之，男子之道，當以義匡君；女子則當婉順從人耳。男子之冠，則命曰：就爾成德。今此二子從君順指，行權合從，無輔弼之義，安得爲大丈夫也。○焉，於虔反。冠，音貫。女家，音汝。居天下之廣居，立天下之正位，行天下之大道。得志與民由之，不得志獨行其道。富貴不能淫，貧賤不能移，威武不能屈。此之謂大丈夫。廣居，謂天下也。正位，謂男子純乾正陽之位也。大道，仁義之道也。得志行正。與民共之。不得志。隱居獨善其身。守道不回也。淫。亂其心也。移。易其行也。屈。挫其志也。三者不惑。乃可謂大丈夫。章指言以道匡君。非禮不運。稱大丈夫。阿意用謀。善戰務勝。事雖有剛。心歸柔順。故云妾婦。以況儀行。

周霄問曰。古之君子仕乎。周霄。魏人也。問君子之道。當仕否。**孟子曰。仕。傳曰。孔子三月無君。則皇皇如也。出疆必載質。**質臣所執以見君者也。三月。一時也。物變而不佐君化。故皇皇如有求而不得。○疆音姜。質音贄。見音現。**公明儀曰。古之人三月無君則弔。**公明儀。賢者也。而言古人三月無君則弔。明當仕也。**三月無君則弔。不以急**

乎周霄怪乃弔於三月無君。何其急也曰。士之失位也。猶諸侯之失國家也。禮曰。諸侯耕助以供粢盛。夫人蠶繅。以爲衣服。犧牲不成。粢盛不潔。衣服不備。不敢以祭。惟士無田。則亦不祭。牲殺器皿。衣服不備。不敢以祭。則不敢以宴。亦不足弔乎諸侯耕助者。躬耕勸率其民。收其藉助以供粢盛。粢。稷。盛。稻也。夫人親執蠶繅之事。以率女功。衣服。祭服。不成。不實肥腯也。惟。辭也。言惟絀祿之士。無圭田者不祭。牲必特殺。故曰殺。皿所以覆器者也。不祭則不宴。猶喪人也。不亦可弔乎。○粢音咨 盛音成 繅素刀反永反四武出疆必載質何也周霄問出疆何爲復載質曰士之仕也猶農夫之耕也農夫豈爲出疆舍其耒耜哉孟子言仕之爲急若農夫不可不耕○爲出于僞反下爲之爲其爲匹夫爲此皆同曰晉國亦仕國也未嘗聞仕如此其急仕如此其急也君子之難仕何也魏本晉也故周霄曰我晉人也亦仕而不知其急若此若此君子何爲難仕君子謂孟子何爲不急仕也難乃憚反又如字曰丈夫生而願爲之有室女子生而願爲之有家父母之心人皆有之不待父母

之命，媒妁之言，鑽穴隙相窺，踰牆相從，則父母國人皆賤之。言人不可觸情從欲。須禮而行。○妁音酌古之人未嘗不欲仕也，又惡不由其道。不由其道而往者，與鑽穴隙之類也。言古之人雖欲仕。如不由其正道。是與鑽穴隙者何異。章指言君子務仕。思播其道。達義行仁。待禮而動。苟容干祿。踰牆之女。人之所賤。故弗為也。○惡烏路反。下又惡。楚惡。惡無禮。皆同

彭更問曰：後車數十乘，從者數百人，以傳食於諸侯，不以泰乎？泰。甚也。彭更。孟子弟子。怪孟子徒衆多。而傳食於諸侯之國。得無為甚奢泰也。○更

占衡反。從，才用反。傳，直戀反。

孟子曰：非其道，則一簞食不可受於人；如其道，則舜受堯之天下，不以爲泰。子以爲泰乎？簞，笥也。非以其道，一笥之食不可受也。子以舜受堯天下爲泰，泰乎？〇食，音嗣。此章可食而食、食志、食功、食乎、子食、不食，皆同。餘如字。曰：否。士無事而食，不可也。彭更曰：不以舜爲泰也，謂仕無功事而虛食人者不可也。曰：子不通功易事，以羨補不足，則農有餘粟，女有餘布；子如通之，則梓匠輪輿皆得食於子。孟子言凡人當通功易事，乃可各以奉其用。梓匠，木工也。輪人、輿人，作車者。交易則得食於子之所有矣。周禮攻木之工七。梓匠輪輿是其四者。羨，餘也。○羨似面反。又餘見反。文公延面反於此有人焉，入則孝，出則悌，守先王之道，以待後之學者，而不得食於子。子何尊梓匠輪輿而輕為仁義者哉？入則事親孝。出則敬長順也。悌，順也。守先王之道。上德之士可以化俗者。若此不得食子之祿。子何尊彼而賤此也。曰：「梓匠輪輿，其志將以求食也；君子之為道也，其志亦將以求食與？」彭更以為彼志於食。此亦但志食也。曰：「子何以其志為哉？其有功於子，可食而食之矣。且子食志乎。食功乎。孟子言祿以食功。子何食乎。曰食志。彭更以爲當食志也。曰有人於此。毁瓦畫墁。其志將以求食也。則子食之乎。孟子言人但破碎瓦畫地。則復墁滅之。此無用之爲也。然而其意反欲求食。則子食乎。○畫音獲。墁武安反。曰否。彭更曰。不食也。曰然則子非食志也。食功也。孟子曰。如是子果食功也。

章指言百工食力。以祿養賢。脩仁尚義。國之所尊。移風易俗。其功可珍。雖食諸侯。不爲素餐。

萬章問曰。宋小國也。今將行王政。齊楚惡而伐之。則如之何。問宋當如齊楚何也。孟子曰。湯居亳與葛爲鄰。葛伯放而不祀。湯使人問之曰：何爲不祀？曰：無以供犧牲也。湯使遺之牛羊。葛伯食之，又不以祀。葛，夏諸侯嬴姓之國。放，縱無道，不祀先祖。○亳，音薄。遺，唯季反。湯又使人問之曰：何爲不祀？曰：無以供粢盛也。湯使亳衆往爲之耕，老弱饋食。葛伯率其民，要其有酒食黍稻者奪之，不授者殺之。有童子以黍肉餉，殺而奪之。書曰：葛伯仇餉。此之謂也。童子，未成人。殺之尤無狀。書，尚書逸篇也。仇，怨也。言湯所以伐殺葛伯。怨其害此餉也。○（食）文公音嗣（餉）式亮反 爲其殺是童子而征之。四海之內皆曰。非富天下也。爲匹夫匹婦復讎也（四海之民皆曰。湯不貪天下富也。爲一夫報仇也）湯始征。自葛載。十一征而無敵於天下。東面而征西夷怨。南面而征北夷怨。曰。奚爲後我。民之望之。若大旱之望雨也。歸市者弗止。芸者不變。誅其君。弔其民。如時雨降。民大悅。書曰。徯我后。后來其無罰（載。始也。言湯初征從葛始也。十一征而服天下。一說言當作再字。再十一者。湯再出征十一國。再十一。凡征二十二國也。書。逸篇也。民曰。待我君來。我則無罰矣。歸市不止。不以有軍來征。故市者止不行也。不使芸者變休也。○（傒）胡禮反

有攸不惟臣東征綏厥士女匪厥玄黃紹我周王見休惟臣附于大邑周其君子實玄黃于匪以迎其君子其小人簞食壺漿以迎其小人救民於水火之中取其殘而已矣

從有攸以下。道周武王伐紂時也。皆尚書逸篇之文。攸所也。言武王東征。安天下士女。小人各有所執往。無不惟念執臣子之節。匪厥玄黃。謂諸侯執玄三纁二之帛。願見周王。望見休善。使

我得附就大邑周家也。其君子小人。名有所執以迎其類也。言武王之師。救殷民於水火之中。討其殘賊也。○匪厥。當作篚。篚以盛贄幣。此作匪。古字借用。大誓曰。我武惟揚。侵于之疆。則取于殘。殺伐用張。于湯有光。大誓。古尚書百二十篇之時大誓也。我武王用武之時。惟鷹揚也。侵于之疆。侵紂之疆界。則取于殘賊者。以張伐殺之功也。比於湯伐桀。爲有光寵。美武王德優前代也。民有簞食壺漿之歡。今之尚書大誓篇。後得以充學。故不與古大誓同。諸傳記引大誓皆古大誓也。不行王政云爾。苟行王政。四海之內皆舉首而望之。欲以爲君。齊楚雖大。何畏焉。萬章憂宋迫於齊楚。不得行政。故孟子爲陳殷湯周武之事以喻之。誠能行之。天下思以爲君。何畏齊楚焉。章指言脩德無小。暴慢無強。是故夏商之末。民思湯武。雖欲不王。末由也已

孟子謂戴不勝曰。子欲子之王之善與我明告子。不勝宋臣有楚大夫於此。欲其子之齊語也則使齊人傅諸。使楚人傅諸。孟子假喻有楚大夫在此。欲變其子。使學齊言。當使齊人傅之耶。使楚人自傅相之耶曰。使齊人傅之。不勝曰使齊人曰。一齊人傅之。衆楚人咻之。雖日撻而求其齊也。不可得矣。引而置之莊嶽之閒

數年。雖日撻而求其楚。亦不可得矣。言使一齊人傅相。楚衆人咻之。咻之者讙也。如此。雖日撻之。欲使齊言。不可得矣。言寡不勝衆也。莊嶽。齊街里名也。多人處之數年而自齊也。○咻音休子謂薛居州善士也。使之居於王所。在於王所者。長幼卑尊皆薛居州也。王誰與爲不善。孟子曰。不勝常言居州。宋之善士也。欲使居於王所。如使在王所者。小大皆如居州。則王誰與爲不善也在王所者。長幼卑尊皆非薛居州也。王誰與爲善。一薛居州。獨如宋王何。如使在王左右者。皆非居州之疇。王當誰與爲善乎。一薛居州。獨如宋王何而能化之也。周之末世。列國皆僭號自稱王。故曰宋王也。章指言自非聖人。在所變化。故諺曰。白沙在涅。不染自黑。蓬生麻中。不扶自直。言輔之者衆也

公孫丑問曰。不見諸侯何義丑怪孟子不肯每輒應諸侯之聘。不見之於義謂何也孟子曰。古者不爲臣不見古者不爲臣。不肯見不義而富且貴者也段干木踰垣而辟之。泄柳閉門而不內。是皆已甚。迫斯可以見矣孟子言魏文侯。魯繆公。有好義之心。而此二人距之大甚。迫窄則可以見之。○辟音避內音納陽貨欲見孔子而惡無禮。大夫有賜於士。不得受於

甚家則往拜甚門陽貨。魯大夫也。孔子。士也。○見文公音現陽貨矙孔子之亡也而饋孔子蒸豚孔子亦矙其亡也而往拜之當是時陽貨先豈得不見矙視也。陽貨視孔子亡而饋之者。欲使孔子來荅。恐其便荅拜使人也。孔子矙其亡者。心不欲見陽貨也。論語曰。饋孔子豚。孟子曰蒸豚。豚非大牲。故用熟饋也。是時陽貨先加禮。豈得不往拜見之哉。○矙音瞰曾子曰脅肩諂笑病于夏畦脅肩。竦體也。諂笑。強笑也。病。極也。言其意苦勞極甚於仲夏之月。治畦灌園之勤也。○脅許業反。又許及反。畦胡圭反子路曰未同而言觀其色赧赧然。非由之所知也。未同。志未合也。不可與言而與之言。謂之失言也。觀其色赧赧然。面赤心不正貌也。由。子路名。子路剛直。故曰非由所知也。○赧女簡反由是觀之。則君子之所養可知已矣。孟子言由是觀曾子子路之言。以觀君子之所養。志可知矣。謂君子養正氣。不以入邪也。章指言道異不謀。迫斯强之。段泄已甚。矙亡得宜。正己直行。不納於邪。赧然不接。傷若夏畦也。

戴盈之曰。什一。去關市之征。今兹未能。請輕之。以待來年。然後已。何如。戴盈之。宋大夫。問孟子欲使君去關市征稅。復古行什一之賦。今年未能盡去。且使輕之。待來年然後復古。何如。○去起呂反孟子曰。

今有人。日攘其鄰之雞者。或告之曰。是非君子之道。曰。請損之。月攘一雞。以待來年。然後巳。如知其非義。斯速巳矣。何待來年。攘。取也。取自來之物也。孟子以此爲諭。知攘之惡當即止。何可損少。月取一雞。待來年乃止乎。謂盈之之言。若此類者也。章指言從善改非。坐而待旦。知而爲之。罪重於故。譬猶攘雞。多少同盜。變惡自新。速然後可也。攘如羊反

公都子曰。外人皆稱夫子好辯。敢問何也。公都子。孟子弟子也。外人。他人論議者也。好辯。言子好與楊墨之徒辯爭。好呼報反

孟子曰。予豈好辯哉。予不得

已也。曰。我不得已耳。欲救正道。懼爲邪説所亂。故辯之也。天下之生久矣。一治一亂。當堯之時。水逆行。氾濫於中國。蛇龍居之。民無所定。下者爲巢。上者爲營窟。天下之生。生民以來也。迭有亂治。非一世。水生蛇龍。水盛則蛇龍居民之地也。民患水避之。故無定居。埤下者於樹上爲巢。猶鳥之巢也。上者高原之上也。鑿岸而營度之。以爲窟穴而處之。氾孚劒反書曰。洚水警余。洚水者。洪水也。尚書逸篇也。水逆行。洚洞無涯。故曰洚水。洪。大也。洚音絳。又下江反。又胡貢反使禹治之。禹掘地而注之海。驅蛇龍而放之菹。

水由地中行江淮河漢是也險阻既遠鳥獸之害人者消然後人得平土而居之堯使禹治洪水通九州故曰掘地而注之海也菹澤生草者也今青州謂澤有草者爲菹水流行於地而去也民人下高就平土故遠險阻也水去故鳥獸害人者消盡也○菹側魚反遠于願反

堯舜既没聖人之道衰暴君代作壞宮室以爲汙池民無所安息棄田以爲園囿使民不得衣食邪說暴行又作園囿汙池沛澤多而禽獸至暴亂也亂君更興殘壞民室屋以其處爲汙池棄五穀之田以爲園囿長

逸遊而棄本業。使民不得衣食。有飢寒並至之厄。其小人則放辟邪侈。故作邪僞之說。爲姦宼之行。沛。草木之所生也。澤。水也。至。衆也。田疇不墾。故禽獸衆多。謂羿桀之時也。○壞音怪　汙音烏。邪說如字。又音稅　行下孟反　沛蒲内反

及紂之身。天下又大亂。周公相武王。誅紂伐奄。三年討其君。驅飛廉於海隅而戮之。滅國者五十。驅虎豹犀象而遠之。天下大悅。

奄。東方無道國。武王伐紂至於孟津。還歸二年復伐。前後三年也。飛廉。紂諛臣。驅之海隅而戮之。猶舜放四罪也。滅與紂共爲亂政者五十國也。奄大國。故特伐之。尚書多方曰。王來自奄。○奄文公平聲

書曰。丕顯

哉文王謨丕承哉武王烈佑啓我後人咸以正無缺書尚書逸篇也丕大顯明承纘烈光也言文王大顯明王道武王大纘承天光烈佑開後人謂成康皆行正道無虧缺也此周公輔相以撥亂之功也

世衰道微邪說暴行有作臣弒其君者有之子弒其父者有之孔子懼作春秋春秋天子之事也是故孔子曰知我者其惟春秋乎罪我者其惟春秋乎世衰道微周衰之時也孔子懼王道遂滅故作春秋因魯史記設素王之法謂天子之事也知我者謂我正王綱也罪我者謂時人見彈貶者言孔子以

春秋撥亂也。有作。文公讀爲又聖王不作，諸侯放恣，處士

橫議，楊朱、墨翟之言盈天下。天下之言不歸

楊則歸墨。楊氏爲我，是無君也；墨氏兼愛，是

無父也。無父無君，是禽獸也。言孔子之後，聖王之道不興，戰

國縱橫，布衣處士，游說以干諸侯。若楊墨之徒，無尊異君父之義，而以橫議於世也。橫

去聲 爲 于僞反 公明儀曰：「庖有肥肉，廄有肥馬，民有

飢色，野有餓莩，此率禽獸而食人也。」公明儀，魯賢人。

言人君但崇庖廚，養犬馬，不恤民，是爲率禽獸而食人也。莩 皮表反 楊墨之

道不息。孔子之道不著。是邪說誣民。充塞仁義也。仁義充塞。則率獸食人。人將相食。言仁義塞則邪說行。獸食人則人相食。此亂之甚也。吾爲此懼。閑先聖之道。距楊墨。放淫辭。邪說者不得作。閑。習也。淫。放也。孟子言我懼聖人之道不著。爲邪說所乘。故習聖人之道以距之。○爲文公去聲作於其心。害於其事。作於其事。害於其政。聖人復起。不易吾言矣。說與上篇同昔者禹抑洪水而天下平。周公兼夷狄。驅猛獸。而百姓寧。孔子成春秋。而亂臣賊子懼抑。治也。周公兼懷夷狄之人。驅害人之猛獸也。言亂臣賊子懼春秋之貶責也詩云。戎狄是膺。荊舒是懲。則莫我敢承此詩已見上篇說無父無君。是周公所膺也是周公所欲伐擊也我亦欲正人心。息邪說。距詖行。放淫辭。以承三聖者。豈好辯哉。予不得已也孟子言我亦欲正人心。距險詖之行。以奉禹周公孔子也。不得已而與人辯耳。豈好之哉。○詖音賁能言距楊墨者。聖人之徒也孟子自謂能距楊墨也。徒黨也。可以繼聖人之道。謂名世者也。章指言夫憂世撥亂。勤以濟之。義以匡之。是故禹稷骿蹎。周公仰思。仲尼皇皇。墨突不及汗。聖賢若是。豈得不辯也匡章曰。陳仲子豈不誠廉士哉。居於陵。三日不食。耳無聞目無見也。井上有李。螬食實者過半矣。匍匐往將食之。三咽。然後耳有聞。目有見。匡章。齊人也。陳仲子。齊一介之士。窮不茍求者。是以絕糧而餓也。螬。蟲也。李實有蟲食之過半。言仲子目不能擇也。○於文公音烏。螬音曹。匍音蒲。匐蒲北反。咽音宴孟子曰。於齊國之士。吾必以仲子為巨擘焉。雖然。仲子惡能廉。充仲子之操。則蚓而後可者也。夫蚓上食槁壤，下飲黃泉。巨擘，大指也。比於齊國之士，吾必以仲子爲指中大者耳。非大器也。蚓，丘蚓之蟲也。充滿其操行，似蚓而可行者也。蚓食土飲泉，極廉矣。然無心無識。仲子不知仁義，苟守一介，亦猶蚓也。○擘，博厄反。惡，音烏。下惡用同。仲子所居之室，伯夷之所築與，抑亦盜跖之所築與？所食之粟，伯夷之所樹與，抑亦盜跖之所樹與？是未可知也。孟子問匡章：仲子豈能必使伯夷之徒築室樹粟。乃居食之邪。抑亦得盜跖之徒使作也。是殆未可知也。曰：是何傷哉？彼身織屨，妻辟纑，以易之也。匡章曰：惡人作之何傷哉。彼仲子身自織屨。妻緝纑。以易食宅耳。緝績其麻曰辟。練麻曰纑。○辟音壁纑音盧曰。仲子齊之世家也。兄戴蓋祿萬鍾。以兄之祿爲不義之祿而不食也。以兄之室爲不義之室而不居也。辟兄離母。處於於陵。孟子言仲子齊之世卿大夫之家。兄名戴。爲齊卿。食采於蓋。祿萬鍾。仲子以爲事非其君。行非其道。以居富貴。故不義之。竄於於陵。○蓋音盍。文公音閤辟文公音避他日歸。則有饋其兄生鵝者。己頻顣曰。惡用是鶃鶃者爲哉。他日。異日也。歸省其母。見兄受人之鵝而非之。己。仲子也。頻顣不悅曰。安用是鶃鶃者爲乎。鶃鶃。鵝鳴之聲。鵝與鵞同。顣子六反。鶂五歷反，文公魚一反。他日其母殺是鵝也，與之食之。其兄自外至，曰：是鶂鶂之肉也。出而哇之。以母則不食，以妻則食之；以兄之室則弗居，以於陵則居之。是尚爲能充其類也乎？若仲子者，蚓而後充其操者也。異日母食以鵝。不知是前所頻顣者也。兄疾之，告曰：是鶂鶂之肉也。仲子出門而哇吐之。孟子非其不食於母，而食妻所作屨纑易食也；不居兄室，而居於於陵人所築室也。是尚能充人類乎？如蚓之性，然後可以充其操也。章指言聖人之道，親親尚和；志士之操，耿介特立，可以激濁。

不可常法。是以孟子喻以丘蚓。比諸巨擘也。○（哇）於佳反。文公同音蛙。母（食）音嗣

孟子卷第六

毛氏子晉 堅松堂印

盱郡重刊
廖氏善本

孟子卷第七

離婁章句上

孟子曰離婁之明公輸子之巧不以規矩不能成方員公輸子魯班魯之巧人也或以爲魯昭公之子雖天下至巧亦猶須規矩也○離婁古之明目者黄帝時人師曠之聰不以六律不能正五音師曠晉平公之樂大師也其聽至聰不用六律不能正五音六律陽律大蔟姑洗蕤賓夷則無射黄鍾也五音宫商角徵羽也堯舜之道不以仁政不能平治天下當行仁恩之政天下乃可平也今有仁

心仁聞而民不被其澤不可法於後世者不行先王之道也仁心。性仁也。仁聞。仁聲遠聞也。雖然。猶須行先王之道。使百姓被澤。乃可爲後法也。○聞音問故曰徒善不足以爲政徒法不能以自行但有善心而不行之。不足以爲政。但有善法度而不施之。法度亦不能獨自行也詩云不愆不忘率由舊章遵先王之法而過者未之有也詩大雅嘉樂之篇。愆。過也。所行不過差矣。不可忘者。以其循用舊故文章。遵用先王之法度。未聞有過也。○嘉音暇。樂音洛聖人既竭目力焉繼之以規矩準繩以爲方員平直，不可勝用也。盡已目力，續以四者，方員平直，可得而知，審。故用之不可勝極也。既竭耳力焉，繼之以六律，正五音，不可勝用也。音須律而正也。既竭心思焉，繼之以不忍人之政，而仁覆天下矣。盡心欲行恩，繼以不忍加惡於人之政，則天下被覆衣之仁也。○衣，於既反。故曰：爲高必因丘陵，爲下必因川澤，爲政不因先王之道，可謂智乎？言因自然，則用力少而成功多矣。是以惟仁者宜在高位。不仁而在高位，是播其惡於衆也。仁者能由先王之道。不仁逆道。則自播揚其惡於衆人也。上無道揆也。下無法守也。朝不信道。工不信度。君子犯義。小人犯刑。國之所存者幸也。言君無道術可以揆度天意。臣無法度可以守職奉命。朝廷之士不信道德。百工之作不信度量。君子觸義之所禁。謂學士當行君子之道也。小人觸刑。愚人罹於密罔也。此亡國之政。然而國存者僥倖耳。非其道也。○揆度大各反。故曰。城郭不完。兵甲不多。非國之災也。田野不辟。貨財不聚。非國之害也。上無禮。下無學。賊民興。喪無日矣。言君不知禮。臣不學法度。無以相檢制。則賊民興。亡在朝夕。無

復有期日。言國無禮義必亡。○辟音闢。喪文公去聲

詩云天之方蹶無然泄泄。泄泄猶沓沓也。事君無義進退無禮言則非先王之道者猶沓沓也

詩大雅板之篇。天謂王者蹶。動也。言天方動。女無敢沓沓。但爲非義非禮。背棄先王之道。而不相匡正也。○蹶俱衛反。泄弋制反沓徒合反

故曰責難於君謂之恭陳善閉邪謂之敬吾君不能謂之賊

人臣之道。當進君於善。責難爲之事。使君勉之。謂行堯舜之仁。是爲恭臣。陳善法以禁閉君之邪心。是爲敬君。言吾君不肖。不能行善。因不諫正。此爲賊其君也。章指言雖有巧智。猶須法度。國由先王。禮義爲要。

不仁在位。播越其惡。誣君不諫。故謂之賊。明上下相須而道化行也孟子曰。規矩方員之至也。聖人。人倫之至也至。極也。人事之善者。莫大取法於聖人。猶方員須規矩也欲爲君盡君道。欲爲臣。盡臣道。二者皆法堯舜而已矣堯舜之爲君臣道備不以舜之所以事堯事君。不敬其君者也。不以堯之所以治民治民。賊其民者也言舜之事堯敬之至也。堯之治民。愛之盡也孔子曰。道二。仁與不仁而已矣。暴其民甚。則身弑國亡。不甚。則身危國削。名之曰幽厲。雖孝子慈孫。百世不能改也。仁則國安。不仁則國危亡。甚。謂桀紂。不甚。謂幽厲。厲王流于彘。幽王滅於戲。可謂身危國削矣。名之。謂諡之也。諡以幽厲。以章其惡。百世傳之。孝子慈孫何能改也。○戲音羲詩云。殷鑒不遠。在夏后之世。此之謂也。詩大雅蕩之篇也。殷之所鑒視近在夏后之世耳。以前代善惡爲明鏡也。欲使周亦鑒於殷之所以亡也。章指言法則堯舜。以爲規矩。鑒戒桀紂。避遠危殆。名諡一定。千載而不可改也孟子曰。三代之得天下也以仁。其失天下也以不仁。國之所以廢興存亡者亦然。三代夏殷周。國。謂公侯之國。存亡在仁與不仁也天子不仁不保四海，諸侯不仁不保社稷，卿大夫不仁不保宗廟，士庶人不仁不保四體。今惡死亡而樂不仁，是由惡醉而強酒。保，安也。四體，身之四肢。強酒則必醉也。章指言人所以安，莫若爲仁。惡而弗去，患必及身。自上達下，其道一焉。○惡，烏故反，下同。樂音洛，卷内皆放此。強，其丈反。

孟子曰：愛人不親反其仁，治人不治反其智，禮人不荅反其敬，行有不得者，皆反求諸己，其身正而天下歸之。反其仁，己仁猶未至邪？反其智，己智猶未足邪？反其敬，己敬猶未恭邪。反求諸身。身已正則天下歸就之。服其德也。○治人不治上直之反。將理之義也。下直吏反。已理之義也。後皆放此行下孟反。文公無音。下改行同

詩云。永言配命。自求多福。此詩已見上篇。其義同。章指言行有不得於人。一求諸身。責己之道也。改行飭躬。福則至矣

孟子曰。人有恆言。皆曰天下國家。恆。常也。人之常語也。天下。謂天子之所主。國。謂諸侯之國。家。謂卿大夫之家也。○恆文公胡登反

天下之本在國。國之本在家。家之本在身。治天下者。不得良諸侯。無以為本。治其國者。不得良卿大夫。無以為本。治其家者。不得良身。無以為本也。章指言天下國家。各依其本。本正則立。本傾則踣。雖

曰常言。必須敬愼也孟子曰。爲政不難。不得罪於巨室巨室。大家也。謂賢卿大夫之家。人所則效者。言不難者。但不使巨室罪之。則善也巨室之所慕。一國慕之。一國之所慕。天下慕之。故沛然德教溢乎四海慕。思也。賢卿大夫。一國思隨其所善惡。一國思其善政。則天下思以爲君矣。沛然大洽德教。可以滿溢於四海之內。章指言天下傾心。思慕嚮善。巨室不罪。咸以爲表。德之流行。可以充四海也。○沛普害反孟子曰。天下有道。小德役大德。小賢役大賢。天下無道。小役大。弱役强。斯二者天也。順天者存。逆天者亡有道之世。小德小賢。樂爲大德大賢役。服於賢德也。無道之時。小國弱國畏懼而役役於大國强國也。此二者。天時所遭也。當順從之。不當逆也。齊景公曰。既不能令又不受命是絕物也涕出而女於吳齊景公。齊侯。景。謚也。言諸侯既不能令告鄰國使之進退。又不能事大國往受教命。是所以自絕於物。物。事也。大國不與之通朝聘之事也。吳。蠻夷也。時爲强國。故齊侯畏而恥之。泣涕而與爲婚。○令力政反。女去聲。以女妻人曰女。今也小國師大國而恥受命焉是猶弟子而恥受命於先師也今小國以大國爲師。學法度焉。而恥受命教。不從其進退。譬猶弟子不從師也如恥之莫若師文王。師文王。大國五年。小國七年。必爲政於天下矣。文王行仁政以移殷民之心。使皆就之。今師效文王。大國不過五年。小國七年。必得政於天下矣。文王時難。故百年乃洽。今之時易。文王由百里起。今大國乃踰千里。過之十倍有餘。故五年足以爲政。小國差之。故七年。詩云。商之孫子。其麗不億。上帝既命。侯于周服。侯服于周。天命靡常。殷士膚敏。祼將于京。詩大雅文王篇。麗。億。數也。言殷帝之子孫。其數雖不但億萬人。天既命之。惟服於周。殷之美士。執祼鬯之禮。將事於京師。若微子者。膚。大。敏。達也。此天命之無常也。○祼音灌孔子曰。仁不可爲衆也。夫國君好仁。天下無敵孔子云。行仁者。天下之衆不能當也。諸侯有好仁者。天下無敵與之爲敵○好呼報反。下好仁、好爲。皆同今也欲無敵於天下。而不以仁。是猶執熱而不以濯也。詩云。誰能執熱。逝不以濯詩大雅桑柔之篇。誰能持熱而不以水濯其手。喻爲國誰能違仁而無敵也。章指言遭衰逢亂。屈服强大。據國行仁。天下莫敵。雖有億衆。無德不親。執熱須濯。明不可違仁也

孟子曰。不仁者可與言哉。安其危而利其菑。樂其所以亡者。不仁而可與言。則何亡國敗家之

有言不仁之人。以其所以爲危者。反以爲安。必以惡見亡。而樂行其惡。如使其能從諫從善。可與言議。則天下何有亡國敗家也。○菑音災有孺子歌曰。滄浪之水清兮。可以濯我纓。滄浪之水濁兮。可以濯我足。孔子曰。小子聽之。清斯濯纓。濁斯濯足矣。自取之也。孺子。童子也。小子。孔子弟子也。清濁所用。尊卑若此。自取之。喻人善惡見尊賤乃如此。○浪音郎夫人必自侮。然後人侮之。家必自毀。而後人毀之。國必自伐。而後人伐之。人先自爲可侮慢之行。故見侮慢也。家先自爲可毀壞之道。故見毀也。國先自爲可誅伐之政。故見伐也。太甲曰。天作孽。猶可違。自作孽。不可活。此之謂也。已見上篇。說同。章指言人之安危。皆由於己。先自毀伐。人乃攻討。甚於天孽。敬慎而已。如臨深淵。戰戰恐慄也。○孽魚列反

孟子曰。桀紂之失天下也。失其民也。失其民者。失其心也。失其民之心。則天下畔之。簞食壺漿以迎武王之師是也得天下有道。得其民。斯得天下矣。得其民有道。得其心。斯得民矣。得其心有道。所欲與之聚之。所惡勿施爾也。欲得民心。聚其所欲而與之。爾。近也。勿施行其所惡使民近。則民心

可得矣。惡烏故反民之歸仁也。猶水之就下。獸之走壙也。故爲淵敺魚者獺也。爲叢敺爵者鸇也。爲湯武敺民者桀與紂也。今天下之君有好仁者。則諸侯皆爲之敺矣。雖欲無王。不可得已。民之思明君。猶水樂埤下。獸樂壙、野。敺之則歸其所樂。獺。獱也。鸇。土鸇也。故云諸侯好爲仁者。敺民若此也。湯武行之矣。如有則之者。雖欲不王。不可得也。走音奏壙音曠爲于僞反。下皆同敺音驅王文公去聲。下欲王同獱音頻今之欲王者。猶七年之病。求三年之艾也。苟爲不畜。終身不得。苟不志於仁。終身憂辱。以陷於死亡。今之諸侯。欲行王道而不積其德。如至七年病。而卻求三年時艾。當畜之乃可得。以三年時不畜藏之。至七年而欲卒求之。何可得乎。艾可以爲灸人病。乾久益善。故以爲喻。志仁者亦久行之。不行之則憂辱以陷死亡。桀紂是也。

詩云。其何能淑。載胥及溺。此之謂也。詩大雅桑柔之篇。淑。善也。載。辭也。胥。相也。刺時君臣何能爲善乎。但相與爲沈溺之道也。章指言水性趨下。民樂歸仁。桀紂之歐。使就其君。三年之艾。蓄而可得。一時欲仁。猶將沈溺。所以明鑒戒也

孟子曰。自暴者不可與有言也。自棄者不可與有爲也。言非禮義

謂之自暴也吾身不能居仁由義謂之自棄也言人尚自暴自棄何可與有言有爲仁人之安宅也義人之正路也曠安宅而弗居舍正路而不由哀哉曠空舍縱哀傷也弗由居是者是可哀傷哉章指言曠仁舍義自暴棄之道也○舍音捨

孟子曰道在邇而求諸遠事在易而求之難人人親其親長其長而天下平邇近也道在近而患人求之遠也事在易而苦人求之難也謂不親其親不事其長故其事遠而難也章指言親親敬長近取諸己則邇而易也○長張丈反

孟子曰居下位而不獲

於上民不可得而治也。獲於上有道。不信於友弗獲於上矣。信於友有道。事親弗悅弗信於友矣。悅親有道。反身不誠。不悅於親矣。誠身有道。不明乎善。不誠其身矣言人求上之意。先從己始。本之於心。心不正而得人意者。未之有也是故誠者天之道也。思誠者。人之道也。至誠而不動者。未之有也。不誠。未有能動者也授人誠善之性者天也。故曰天道。思行其誠以奉天者。人道也。至誠則動金石。不誠則鳥獸不可親狎。故曰未有能動者也。章指言事上得君。

乃可臨民。信友悅親。本在於身。是以曾子三省。大雅矜矜。以誠爲貴也

孟子曰。伯夷辟紂。居北海之濱。聞文王作興。曰。盍歸乎來。吾聞西伯善養老者伯夷讓國。遭紂之世。辟之。隱遁北海之濱。聞文王起興王道。盍歸乎來。歸周也。○辟文公音避大公辟紂。居東海之濱。聞文王作興。曰。盍歸乎來。吾聞西伯善養老者大公。呂望也。亦辟紂世。隱居東海。曰。聞西伯養老。二人皆老矣。往歸文王也二老者天下之大老也。而歸之。是天下之父歸之也。天下之父歸之。其子焉往此二老猶

天下之父也。其餘皆天下之子耳。子當隨父二父往矣。子將安如。言皆將往也。焉於虔反。下焉度同諸侯有行文王之政者七年之內必爲政於天下矣今之諸侯。如有能行文王之政者。七年之閒。必足以爲政矣。天以七紀。故七年。文王時難。故久。衰周時易。故速也。上章言大國五年者。大國地廣人衆。易以行善。故五年足以治也。章指言養老尊賢。國之上務。文王勤之。二老遠至。父來子從。天之順道。七年爲政。以勉諸侯。欲使庶幾於行善也

孟子曰求也爲季氏宰無能改於其德而賦粟倍他日孔子曰求非我徒也小子鳴鼓而攻之可也求。孔子弟

子冉求。季氏。魯卿季康子。宰。家臣。小子。弟子也。孔子以冉求不能改季氏使從善。爲之多斂賦粟。故欲使弟子鳴鼓以聲其罪。而攻伐責讓之。曰求非我徒。疾之也。**由此觀之。君不行仁政而富之。皆棄於孔子者也。況於爲之强戰。爭地以戰。殺人盈野。爭城以戰。殺人盈城。此所謂率土地而食人肉。罪不容於死。**孔子棄富不仁之君者。況於爭城爭地。而殺人滿之乎。此若率土地使食人肉也。言其罪大。死刑不足以容之。（爲）去聲**故善戰者服上刑。連諸侯者次之。辟草萊任土地者次之。**孟子言天道重生。戰者殺人。故使善戰者服上刑。上刑重刑也。連諸侯。合從者也。罪次善戰者。辟草任地。不務脩德而富國者。罪次合從連橫之人也。章指言聚斂富君。棄於孔子。冉求行之。同聞鳴鼓。以戰殺民。土食人肉。罪不容死。以爲大戮。重人命之至也。○辟音闢任如禁反

孟子曰。存乎人者莫良於眸子。眸子不能掩其惡眸子。目瞳子也。存人。存在人之善惡也胸中正則眸子瞭焉。胸中不正則眸子眊焉。瞭。明也。眊者。蒙蒙目不明之貌。○瞭音了眊音耄聽其言也。觀其眸子。人焉廋哉。廋。匿也。聽言察目。言正視。端。人情可見。安可匿哉。章指言目爲神候。精之所在。存而察之。善惡不隱。知人之道。

斯爲審矣。○廋音搜孟子曰。恭者不侮人。儉者不奪人。侮奪人之君。惟恐不順焉。惡得爲恭儉。爲恭敬者。不侮慢人。爲廉儉者。不奪取人。有好侮奪人之君。有貪陵之性。恐人不順從其所欲。安得爲恭儉之行也。○惡音烏恭儉豈可以聲音笑貌爲哉。恭儉之人。儼然無欲。自取其名。豈可以和聲諂笑之貌强爲之哉。章指言人君恭儉。率下移風。人臣恭儉。明其廉忠。侮奪之惡。何由干之。而錯其心。淳于髡曰。男女授受不親。禮與。淳于髡。齊人也。問禮男女不相親授。○與音餘孟子曰。禮也。禮不親授。曰。嫂溺。則援之以手乎。髡曰。見嫂溺水。則當

以手牽援之否邪。○援音爰

曰。嫂溺不援。是豺狼也。孟子曰。人見嫂溺不援出。是爲豺狼之心也

男女授受不親。禮也。嫂溺援之以手者。權也。孟子告髡曰。此權也。權者。反經而善也

曰。今天下溺矣。夫子之不援。何也。髡曰。今天下之道溺矣。夫子何不援之

曰。天下溺。援之以道。嫂溺。援之以手。子欲手援天下乎。孟子曰。當以道援天下。而道不得行。子欲使我以手援天下乎。章指言權時之義。嫂溺援手。君子大行。拯世以道。道之指也

公孫丑曰。君子之不教子。何也。問父子不親教。何也

孟子曰。勢不

行也。教者必以正。以正不行。繼之以怒。繼之以怒則反夷矣。夫子教我以正。夫子未出於正也。則是父子相夷也。父子相夷則惡矣。父親教子。其勢不行。教以正道而不能行。則責怒之。夷傷也。父子相責怒則傷義矣。一說曰。父子反自相非。若夷狄也。子之心責其父云。夫子教我以正道。而夫子之身。未必自行正道也。執此意則爲反夷矣。故曰惡也。古者易子而教之。父子之閒不責善。責善則離。離則不祥莫大焉。易子而教不欲自相責以善也。父子主恩。離則不祥莫大焉。章指言父子至親。相責離恩。易子而教

（相成以仁教之義也）孟子曰。事孰爲大。事親爲大。守孰爲大。守身爲大。不失其身而能事其親者。吾聞之矣。失其身而能事其親者。吾未之聞也（事親。養親也。守身。使不陷於不義也。失仁義則何能事父母乎）孰不爲事。事親事之本也。孰不爲守。守身守之本也（先本後末。事守乃立也）曾子養曾晳。必有酒肉。將徹。必請所與。問有餘。必曰有。曾晳死。曾元養曾子。必有酒肉。將徹。不請所與。問有餘。曰亡矣。將以復進也。此所謂養口體者也。若曾子則可謂養志也。事親若曾子者可也。將徹請所與。問曾晳所欲與子孫所愛者也。必曰有。恐違親意也。故曰養志。曾元曰無。欲以復進曾子也。不求親意。故曰養口體也。事親之道。當如曾子之法。乃爲至孝也。章指言上孝養志。下孝養體。曾參事親。可謂至矣。孟子言之。欲令後人則曾子也。○養去聲。下並同。晳先歷反。徹直列反。復去聲。

孟子曰。人不足與適也。政不足間也。惟大人爲能格君心之非。適。過也。詩云。室人交徧讁我。間。非也。格。正也。時皆小人居位。不足過責也。政教不足復非訧。獨得大人爲輔臣。乃能正君之非法度也。○適音讁。間古

覔反

君仁莫不仁。君義莫不義。君正莫不正。一正君而國定矣。正君之身。一國定矣。欲使大人正之。章指言小人爲政。不足閒非。賢臣正君。使握道機。君正國定。下不邪修。將何閒也

孟子曰。有不虞之譽。有求全之毁。虞。度也。言人之行。有不度其將有名譽而得者。若尾生本與婦人期於梁下。不度水之卒至。遂至沒溺。而獲守信之譽。求全之毁。若陳不瞻將赴君難。聞金鼓之聲。失氣而死。可謂欲求全其節。而反有怯弱之毁者也。章指言不虞獲譽。不可爲戒。求全受毁。未足懲咎。君子正行。不由斯二者也。

孟子曰。人之易其言也。無責耳矣。人之輕易其言。不得失言之咎責也。一說。

人之輕易不肯諫正君者。以其不在言責之位者也。章指言言出於身。駟不及舌。不惟其責。則易之矣。○易以豉反

孟子曰。人之患在好爲人師。人之所患。患於不知己。未有可師。而好爲人師者。惑也。章指言君子好謀而成。臨事而懼。時然後言。畏失言也。故曰。師哉師哉。桐子之命。不愼則有患矣。○桐與童同

樂正子從於子敖之齊。樂正子見孟子。魯人樂正克。孟子弟子也。從於齊之右師子敖。子敖使而之魯。樂正子隨之來之齊也。孟子在齊。樂正子見之也。○子敖音遨。文公註。王驩字

孟子曰。子亦來見我乎。孟子見其來見遲。故云亦來也。

曰。先生何爲出此言也。樂正子曰。先生何爲非克。

而出此言曰。子來幾日矣孟子問子來幾日乎曰。昔者克曰昔者
來至。昔者。往也。謂數日之間也曰。昔者則我出此言也不亦
宜乎孟子曰。昔者來至。而今乃來。我出此言。亦其宜也。孟子重愛樂正子。欲亟見之。
思深望重也曰。舍館未定克曰。所止舍館未定。故不即來也。館。客舍曰。
子聞之也。舍館定。然後求見長者乎孟子曰。子聞見
長者之禮。當須舍館定。乃見之乎曰。克有罪樂正子謝過服罪也。章指言尊
師重道。敬賢事長。人之大綱。樂正子好善。故孟子譏之。責賢者備也孟子謂樂
正子曰。子之從於子敖來。徒餔啜也。我不意

子學古之道而以餔啜也子敖齊之貴人右師王驩也學而不行其道徒食飲而已謂之餔啜也樂正子本學古聖人之道而今隨從貴人無所匡正故言不意子但餔啜也章指言學優則仕仕以行道否則隱逸免置窮匱餔啜沈浮君子不與是以孟子咨嗟樂正子也。（餔）博孤反亦音哺（啜）昌悅反

孟子曰不孝有三無後爲大於禮有不孝者三事謂阿意曲從陷親不義一不孝也家貧親老不爲祿仕二不孝也不娶無子絕先祖祀三不孝也三者之中無後爲大舜不告而娶爲無後也君子以爲猶告也舜懼無後故不告而娶君子知舜告焉不得而娶娶而告父母禮也舜不以告權也故曰猶告與告

同也。章指言量其輕重。無後不可。是以大舜受堯二女。夫三不孝。蔽者所闇。至於大聖。卓然匪疑。所以垂法也。○爲無。去聲

孟子曰。仁之實事親是也。義之實從兄是也。智之實知斯二者弗去是也。事皆有實。事親從兄。仁義之實也。知仁義所用而不去之則智之實也禮之實節文斯二者是也。樂之實樂斯二者。禮樂之實。節文事親從兄使不失其節。而文其禮敬之容。而中心樂之也。○樂斯。音洛。下同樂則生矣。生則惡可已也。惡可已也。則不知足之蹈之。手之舞之。樂此事親從兄。出於中心。則樂生其中矣。樂生之至。

安可已也。豈能自覺足蹈節手舞曲哉。章指言仁義之本。在於孝弟。孝弟之至。通於神明。況於歌舞。不能自知。蓋有諸中形於外也。○惡平聲

孟子曰。天下大悅而將歸己。視天下悅而歸己。猶草芥也。惟舜爲然。舜不以天下將歸己爲樂。號泣于天。不得乎親。不可以爲人。不順乎親。不可以爲子。舜盡事親之道。而瞽瞍厎豫。瞽瞍厎豫。而天下化。瞽瞍厎豫。而天下之爲父子者定。此之謂大孝。舜以不順親意爲非人子。厎。致也。豫。樂也。瞽瞍。頑父也。盡其孝道而頑父致樂。使天下化之。爲父子之道者定

也。章指言以天下之貴富，爲不若得意於親。故能懷協頑嚚。厎豫而欣。天下化之。父子加親。故稱盛德者必百世祀。
無與比崇也。○（厎）之爾反

孟子卷第七

盱江重刊
廖氏善本

孟子卷第八

離婁章句下

孟子曰。舜生於諸馮。遷於負夏。卒於鳴條。東夷之人也。生。始。卒。終。記終始也。諸馮。負夏。鳴條。皆地名。負。負海也。在東方夷服之地。故曰東夷之人也。文王生於岐周。卒於畢郢。西夷之人也。岐周。畢郢。地名也。岐山下周之舊邑。近畎夷。畎夷在西。故曰西夷之人也。書曰。大子發上祭于畢。下至于盟津。畢。文王墓。近於豐鎬也。地之相去也。千有餘里。世之相後也。千有餘歲。得志行乎中國。若合符節。先聖後聖。其揆一也。土地相去千有餘里。千里以外也。舜至文王千二百歲。得志行政於中國。謂王也。如合符節。節。玉節也。周禮有六節。揆。度也。言聖人之度量同也。章指言聖人殊世。而合其道。地雖不比。由通一軌。故可以爲百王法也。

子產聽鄭國之政。以其乘輿濟人於溱洧。子產。鄭卿。爲政。聽訟也。溱。洧。水名。見人有冬涉者。仁心不忍。以其乘車渡之也。乘音剩。溱音臻。洧榮美反。

孟子曰。惠而不知爲政。歲十一月徒杠成。十二月輿梁成。民未病涉也。以爲子產有惠民之心。而不知爲政。當以時脩橋梁。民何由病苦涉水乎。周十一月。夏九

月。可以成步渡之功。周十二月。夏十月。可以成輿梁也。○杠音江。方橋也。可通徒行人過者

君子平其政。行辟人可也。焉得人人而濟之。故爲政者每人而悦之。日亦不足矣。君子爲國家。平治政事刑法。使無違失其道。辟除人使卑辟尊。可爲也。安得人人濟渡於水乎。每人輒欲自加恩以悦其意。則日力不足以足之也。章指言重民之道。平政爲首。人君由天。天不家撫。是故子産渡人。孟子不取也。○辟音闢。亦如字。焉於虔反。卑辟音避

孟子告齊宣王曰。君之視臣如手足。則臣視君如腹心。君之視臣如犬馬。則臣視君如國人。君

之視臣如土芥，則臣視君如寇讎。芥，草芥也。臣緣君恩以爲差等。其心所執若是也。王曰：禮爲舊君有服，何如斯可爲服矣？宣王問禮舊臣爲舊君服喪服，問君恩何如則可爲服。○爲，于僞反。下爲服、爲之、爲父、爲其、爲得、爲武，皆同。曰：諫行言聽，膏澤下於民；有故而去，則君使人導之出疆，又先於其所往；去三年不反，然後收其田里。此之謂三有禮焉。如此，則爲之服矣。爲臣之時，諫行言從，德澤加民。若有他故，不得不行，譬如華元奔晉，隨會奔秦是也。古之賢君遭此，則使人導之出境，又先至

其所到之國。言其賢良。三年不反。乃收其田萊及里居也。此三者有禮。則爲之服矣今
也爲臣。諫則不行。言則不聽。膏澤不下於民。
有故而去。則君搏執之。又極之於其所往。去
之日。遂收其田里。此之謂寇讎。寇讎何服之
有搏執其族親也。極者。惡而困之也。遇臣若寇讎。何服之有乎。章指言君臣之道。以義
爲表。以恩爲裏。表裏相應。猶若影響。舊君之服。蓋有所興。風諭宣王。勸以仁也。○〔搏〕音博
〔極〕紀力反。又如字。文公無音。窮也孟子曰。無罪而殺士。則大
夫可以去。無罪而戮民。則士可以徙惡傷其類。視其

下等。懼次及也。語曰。鳶鵲蒙害。仁鳥曾逝。此之謂也。章指言君子見幾而作。故趙殺鳴犢孔子臨河而不濟也。**孟子曰。君仁莫不仁。君義莫不義。**君者一國所瞻仰以爲法。故必從之。章指言君以仁義率衆。孰不順焉。上爲下效也。**孟子曰。非禮之禮。非義之義。大人弗爲。**若禮而非禮。陳質娶婦而長拜之也。若義而非義。藉交報仇是也。此皆大人所不爲也。章指言禮義人之所以折中。履其正者。乃可爲中。是以大人不行疑禮。**孟子曰。中也養不中。才也養不才。故人樂有賢父兄也。**中者履中和之氣所生謂之賢。才者謂人之有俊才者。有此賢者。當以養育敎誨不能。進之以善。故樂父兄之賢。以養己也。○樂音洛。下同如中也棄不中。才也棄不才。則賢不肖之相去。其閒不能以寸如使賢者棄愚。不養其所當養。則賢亦近愚矣。如此賢不肖相覺。何能分寸。明不可不相訓導也。章指言父兄已賢。子弟既頑。敎而不改。乃歸自然。○覺音敎。義當作校

孟子曰。人有不爲也。而後可以有爲人不爲苟得。乃能有讓千乘之志。章指言貴廉賤恥。乃有不爲。不爲非義。義乃可申。

孟子曰。言人之不善。當如後患何人之有惡。惡人言之。言之。當如後有患難及己乎。章指言好言人惡。殆非君子。故曰。不忮不求。何用不臧。○惡人。烏路反。下所惡。無惡。心惡。惡。皆同。好呼報反。下

好之。而好。好貨。好勇。皆同**孟子曰。仲尼不爲已甚者**仲尼彈邪以正。正斯可矣。不欲其已甚泰過也。章指言論曰。疾之已甚。亂也。故孟子譏踰牆距門者也**孟子曰。大人者言不必信。行不必果。惟義所在**果能也。大人杖義。義有不得必信其言。子爲父隱也。有不能得果行其所欲行者。若親在。不得以其身許友也。義或重於信。故曰惟義所在。章指言大人之行。行其重者。不信不果。所求合義也。○行下孟反。下行之本行。高行。行惡。皆同。行其如字**孟子曰。大人者。不失其赤子之心者也**大人。謂君國。君視民當如赤子。不失其民心之謂也。一說曰。赤子。嬰兒也。少小之心。專一未變化。人能不失其赤子時心。則爲貞正大人也。章指言人之所愛莫過赤子。視民則然。民懷之矣。大人之行。不過是也。

孟子曰。養生者不足以當大事。惟送死可以當大事。孝子事親致養。未足以爲大事。送終如禮。則爲能奉大事也。章指言養生竭力。人情所勉。哀死送終。行之高者。事不違禮。可謂難矣。故謂之大事。〇養生。餘亮反。下養親。得養。皆同

孟子曰。君子深造之以道。欲其自得之也。造。致也。言君子學問之法。欲深致極竟之以知道。意欲使己得其原本。如性自有之也。〇造七報反自得之則居之安。居之安則資之深。資之深則取之左右逢其原。故君子

欲其自得之也居之安。若己所自有也。資。取也。取之深則得其根也。左右取之。在所逢遇。皆知其原本也。故使君子欲自得之也。章指言學必根原。如性自得。物來能名。事來不惑。君子好之。朝益暮習。道所以臻也。孟子曰。博學而詳說之。將以反說約也。博。廣。詳。悉也。廣學悉其微言而說之者。將以約說其要。意不盡知。則不能要言之也。章指言廣尋道意。詳說其事。要約至義。還反於樸。說之美者也。孟子曰。以善服人者。未有能服人者也。以善養人。然後能服天下。天下不心服而王者。未之有也。以善服人之道治世。謂以威力服人者也。故人不心服。以善養人。養之以仁恩。然後心服矣。文王治岐是也。天下不心服。何由而王也。章指言五伯服人。三王服心。其服一也。功則不同。上論堯舜。其是違乎。○〔王〕文公去聲

孟子曰。言無實不祥。不祥之實。蔽賢者當之。凡言皆有實。孝子之實。養親是也。善之實。仁義是也。祥。善。當。直也。不善之實何等也。蔽賢之人。直於不善之實也。章指言進賢受上賞。蔽賢蒙顯戮。故謂之不祥也。○當〔直〕音值。下同

徐子曰。仲尼亟稱於水曰。水哉水哉。何取於水也。徐子。徐辟也。問仲尼何取於水而稱之也。○〔亟〕去吏反〔辟〕音壁。又音闢

孟子曰。原泉混混。不舍晝夜。盈科而後進。放乎四海。有

本者如是是之取爾言水不舍晝夜而進。盈滿科坎。放至也。至於四海者。有原本也。以況於事有本者皆如是。是之取也。○舍音捨　放方往反苟爲無本七八月之閒雨集溝澮皆盈其涸也可立而待也苟誠也。誠令無本。若周七八月。夏五六月。天之大雨。潦水卒集。大溝小澮皆滿。然其涸乾可立待者。無本之故也。○澮古外反　涸下各反故聲聞過情君子恥之人無本行。暴得善聲令聞過其情。若潦水不能久也。故君子恥之。章指言有本不竭。無本則涸。虛聲過實。君子恥諸。是以仲尼在川上曰。逝者如斯。○聞音問

孟子曰。人之所以異於禽獸者幾希。庶民去

之君子存之幾希。無幾也。知義與不知義之間耳。衆民去義。君子存義也

舜明於庶物。察於人倫。由仁義行。非行仁義也倫。序。察。識也。舜明庶物之情。識人事之序。仁義生於內。由其中而行。非彊力行仁義也。故道性善。言必稱堯舜。章指言人與禽獸。俱含天氣。就利辟害。其閒不希。衆人皆然。君子則否。聖人超絕。識仁義之生於己也

孟子曰。禹惡旨酒而好善言旨酒。美酒也。儀狄作酒。禹飲而甘之。遂踈儀狄而絕旨酒。書曰禹拜讜言。○惡好竝去聲

湯執中。立賢無方執中正之道。惟賢速立之。不問其從何方來。舉伊尹以爲相也

文王視民如傷。望道而未之見視民

如傷者。雍容不動擾也。望道而未至。殷録未盡。尚有賢臣。道未得至。故望而不致誅於紂也。○而文公讀爲如

武王不泄邇不忘遠

泄。狎。邇。近也。不泄狎近賢不遺忘遠善。近。謂朝臣。遠。謂諸侯也

周公思兼三王以施四事。其有不合者。仰而思之。夜以繼日。幸而得之。坐以待旦。

三王。三代之王也。四事。禹湯文武所行事也。不合。已行有不合世。仰而思之。參諸天也。坐而待旦。言欲急施之也。章指言周公能思三王之道。以輔成王大平之隆。禮樂之備。蓋由此也

孟子曰。王者之迹熄而詩亡。詩亡然後春秋作

王者。謂聖王也。大平道衰。王迹止熄。頌聲不作。故詩亡。春

秋撥亂。作於衰世也。○熄與息同

晉之乘。楚之檮杌。魯之春秋。一也。其事則齊桓晉文。其文則史。孔子曰。其義則丘竊取之矣

此三大國史記之名異。乘者。興於田賦乘馬之事。因以爲名。檮杌者。嚚凶之類。興於記惡之戒。因以爲名。春秋以二始舉四時。記萬事之名。其事則五伯所理也。桓。文。五伯之盛者。故舉之。其文。史記之文也。孔子自謂竊取之。以爲素王也。孔子人臣。不受君命。私作之。故言竊。亦聖人之謙辭。章指言詩可以言。頌詠大平。時無所詠。春秋乃興。假史記之文。孔子正之。以匡邪也。○乘音剩。云晉名春秋爲乘者。取其善惡無不載。檮音逃。杌音兀。惡獸名也。楚謂春秋爲檮杌者。在記惡而興善也

孟

子曰君子之澤五世而斬小人之澤五世而斬澤者滋潤之澤大德大凶流及後世自高祖至玄孫善惡之氣乃斷故曰五世而斬

予未得爲孔子徒也予私淑諸人也予我也我未得爲孔子門徒也淑善也我私善之於賢人耳恨不得學於大聖也章指言五世一體上下通流君子小人各有時企以高山跌以陷汙是以孟子恨不及乎仲尼也

孟子曰可以取可以無取取傷廉可以與可以無與與傷惠可以死可以無死死傷勇三者皆謂事可出入不至違義但傷此名亦不陷於惡也章指言廉惠勇人之高行也喪此三名則士病

諸。故設斯科。以進能者也。逢蒙學射於羿，盡羿之道，思天下惟羿爲愈己，於是殺羿。羿。有窮后羿。逢蒙。羿之家衆也。春秋傳曰。羿將歸自田。家衆殺之。逢薄江反。孟子曰：是亦羿有罪焉。罪羿不擇人也。故以下事喻之。公明儀曰：宜若無罪焉。曰：薄乎云爾，惡得無罪。鄭人使子濯孺子侵衛，衛使庾公之斯追之。子濯孺子曰：今日我疾作，不可以執弓，吾死矣夫。孺子。鄭大夫。庾公。衛大夫。疾作。瘧疾。惡音烏。問其僕曰：追我者誰也。其僕曰：庾公之斯也。曰。吾生矣。僕。御也。孺子曰。吾必生矣。其僕曰。庚公之斯。衛之善射者也。夫子曰吾生。何謂也。曰。庚公之斯。學射於尹公之他。尹公之他。學射於我。夫尹公之他。端人也。其取友必端矣。端人用心不邪辟。知我是其道本所出。必不害我也。○他徒河反庚公之斯至。曰。夫子何爲不執弓。曰。今日我疾作。不可以執弓。曰。小人學射於尹公之他。尹公之他學射於夫子。我不忍以夫子之道。反害夫子。雖然。今

日之事君事也。我不敢廢。抽矢叩輪。去其金。發乘矢而後反

庾公之斯至。竟如孺子之所言。而曰我不敢廢君事。故叩輪去鏃。使不害人。乃以射孺子。禮射四發而去。乘。四也。詩云。四矢反兮。孟子言是以明羿之罪。假使如子濯孺子之得尹公之他而教之。何由有逢蒙之禍。章指言求交取友。必得其人。得善以全。養凶獲患。是故子濯濟難。夷羿以殘。可以鑒也。○（去）文公上聲（乘）音剩

孟子曰。西子蒙不潔。則人皆掩鼻而過之

西子古之好女西施也。蒙不潔。以不潔汙巾帽而蒙其頭也。面雖好。以蒙不潔。人過之者皆掩鼻。懼聞其臭也。

雖有惡人。齋戒沐浴。則可以祀上帝

惡人。醜類者也。面雖醜而齋戒沐浴。自治絜淨。可以侍上帝之祀。言人當自治以仁義。乃爲善也。章指言貌好行惡。西子冒臭。醜人絜服。供事上帝。明當脩飾。惟義爲常也。

孟子曰：天下之言性也，則故而已矣。故者以利爲本。言天下萬物之情性。當順其故。則利之也。改戾其性。則失其利矣。若以杞柳爲桮棬。非杞柳之性也。○桮音杯。棬丘圓反。所惡於智者，爲其鑿也。惡人欲用智而妄穿鑿。不順物之性。而改道以養之。○惡去聲。下同。如智者若禹之行水也，則無惡於智矣。禹之行水也，行其所無事也。禹之用智。決江疏河。因水之性。因地之宜。引之就下。行其空虛無事之處如智者亦行其所無事。則智亦大矣如用智者不安改作。作事循理。若禹行水於無事之處。則爲大智也天之高也星辰之遠也。苟求其故。千歲之日至。可坐而致也天雖高。星辰雖遠。誠能推求其故。常之行。千歲日至之日。可坐知也。星辰。日月之會。致至也。知其日至在何日也。章指言能脩性守。故天道可知。妄智改常。必與道乖。性命之旨也

公行子有子之喪。右師往弔。入門有進而與右師言者。有就右師之位而與右師言者公行子。齊大夫也。右師。齊貴臣王驩。字子敖。公行之喪。齊卿大夫以君命會。各有位次。故

下云朝廷也。與言者。皆諂於貴人也孟子不與右師言。右師不悅曰。諸君子皆與驩言。孟子獨不與驩言。是簡驩也右師。謂孟子簡其無德。故不與言。是以不悅也孟子聞之曰。禮。朝廷不歷位而相與言。不踰階而相揖也。我欲行禮。子敖以我爲簡。不亦異乎孟子聞子敖之言曰。我欲行禮。故不歷位而言。反以我爲簡。異也。云以禮者。心惡子敖。而外順其辭也。章指言循禮而動。不合時人。阿意事貴。脅肩所尊。俗之情也。是以萬物皆流。而金石獨止

孟子曰。君子所以異於人者。以其存心也。君

子以仁存心。以禮存心。仁者愛人。有禮者敬人。愛人者人恒愛之。敬人者人恒敬之。存。在也。君子之在心者。仁與禮也。愛敬施行於人。人必反之己也。○恒文公胡登反有人於此。其待我以橫逆。則君子必自反也。我必不仁也。必無禮也。此物奚宜至哉橫逆者。以暴虐之道來加我也。君子反自思省。謂己仁禮不至也。物。事也。推此人何爲以此事來加我。○橫文公去聲。下同其自反而仁矣。自反而有禮矣。其橫逆由是也。君子必自反也。我必不忠君子自謂我必不忠自反而忠矣。其橫逆由是也。君子曰。此亦妄人也已矣。如此則與禽獸奚擇哉。於禽獸又何難焉。（安人。妄作之人。無知者。與禽獸何擇異也。無異於禽獸。又何足難也。○難乃旦反。下難矣。其難。赴難。死難。皆同）是故君子有終身之憂。無一朝之患也。乃若所憂則有之。舜人也。我亦人也。舜爲法於天下。可傳於後世。我由未免爲鄉人也。是則可憂也。（君子之憂。憂不如堯舜也。○由與猶同。後放此）憂之如何。如舜而已矣。（憂之當如之何乎。如舜而後可。故終

身憂也

若夫君子所患則亡矣。非仁無爲也。非禮無行也。如有一朝之患。則君子不患矣。君子之行。本自不致患。常行仁行禮。如有一朝橫來之患。非己愆也。故君子歸天。不以爲患也。章指言君子責己。小人不改。比之禽獸。不足難矣。蹈仁行禮。不患其患。惟不若舜。可以憂也

禹稷當平世。三過其門而不入。孔子賢之。顏子當亂世。居於陋巷。一簞食。一瓢飲。人不堪其憂。顏子不改其樂。孔子賢之。孟子曰。禹稷顏回同道。當平世三過其門者。身爲公卿。憂民急也。當亂世安陋巷者。不

用於世。窮而樂道也。孟子以爲憂民之道同。用與不用之宜若是也。故孔子俱賢之。禹思天下有溺者。由己溺之也。稷思天下有飢者。由己飢之也。是以如是其急也。禹稷顏子。易地則皆然。禹稷急民之難若是。顏子與之易地。其心亦然。不在其位。勞佚異矣。今有同室之人鬭者。救之。雖被髮纓冠而救之可也。鄉鄰有鬭者。被髮纓冠而往救之。則惑也。雖閉戶可也。纓冠者。以冠纓貫頭也。鄉鄰。同鄉也。同室相救。是其理也。喻禹稷。走赴鄉人非其事。顏子所以闔戶而高枕也。章指言上賢之士。得聖一槩。顏子之心。有同禹稷。時行則行。時止則止。失其節則惑矣。公都子曰。匡章通國皆稱不孝焉。夫子與之遊。又從而禮貌之。敢問何也匡章齊人也。一國皆稱不孝。問孟子何爲與之遊。又禮之以顏色喜悅之貌也孟子曰。世俗所謂不孝者五。惰其四支。不顧父母之養。一不孝也。博弈好飲酒。不顧父母之養。二不孝也。好貨財私妻子。不顧父母之養。三不孝也。從耳目之欲。以爲父母戮。四不孝也。好勇鬬很。以危父母。五不孝也。章子有一於是乎惰解不作。極耳目之欲。以陷罪戮。及父母。凡此五者。人所謂不孝之行。章子豈有一事於是五不孝中也。○養去聲。下同。從文公去聲。很胡懇反夫章子。子父責善而不相遇也。責善。朋友之道也。父子責善。賊恩之大者遇。得也。章子子父親教。相責以善。不能相得。父逐之也。朋友切磋。乃當責善耳。父子相責以善。賊恩之大也。夫章子。豈不欲有夫妻子母之屬哉。爲得罪於父。不得近。出妻屏子。終身不養焉夫章子豈不欲身有夫妻之配。子有母子之屬哉。但以身得罪於父。不得近父。故出去其妻。屏遠其子。終身不爲妻子所養也○屏文公必井反其設心以爲不若是是則罪之大者是則章子已矣章子張設其心執持此屏出妻子之意以爲人得罪於父而不若是以自責罰是則罪益大矣是章子之行已矣何爲不可與言章指言匡章得罪出妻屏子上不得養下以責己衆曰不孝其實則否是以孟子禮貌之也曾子居武城有越寇或曰寇至盍去諸盍何不也曾子居武城有越寇將來人曰寇方至何不去之曰無寓人於我室毀傷其薪木寇退則曰脩我牆屋我將反寓寄也曾子欲去戒其守人曰無寄人於我室恐其傷我薪草樹木也寇退則曰治

牆屋之壞者。我將來反。寇退。曾子反。左右曰。待先生如此其忠且敬也。寇至則先去以爲民望。寇退則反。殆於不可。左右相與非議曾子者。言武城邑大夫敬曾子。武城人爲曾子忠謀。勸使避寇。君臣忠敬如此。而先生寇至則先去。使百姓瞻望而效之。寇退安寧則復來還。殆不可如是。怪曾子何以行之也。沈猶行曰。是非汝所知也。昔沈猶有負芻之禍。從先生者七十人。未有與焉。沈猶行。曾子弟子也。行謂左右之人曰。先生之行。非汝所能知也。先生。曾子也。往者先生嘗從門徒七十人。舍吾沈猶氏。時有作亂者曰負芻。來攻沈猶氏。先

生率弟子去之。不與其難。言師賓不與臣同。○與音豫

子思居於衛。有齊寇。或曰。寇至。盍去諸。子思曰。如伋去。君誰與守。伋。子思名也。子思欲助衛君赴難。

孟子曰。曾子子思同道。曾子師也。父兄也。子思臣也。微也。曾子子思易地則皆然。孟子以為二人同道。曾子為武城人作師。則其父兄。故去留無毀。子思微少也。又為臣。委質為臣。當死難。故不去也。子思與曾子易處同然。章指言臣當營君。師有餘裕。二人處義非殊者也。是故孟子紀之。謂得其同。

儲子曰。王使人瞯夫子。果有以異於人乎。儲子。齊人也。瞯。視也。果。能

也。謂孟子曰。王言賢者身貌必當有異。故使人視夫子。能有異於衆人之容乎。○瞯古莧反

孟子曰。何以異於人哉。堯舜與人同耳。人生同受法於天地之形。我當何以異於人哉。且堯舜之貌與凡人同耳。其所以異。乃以仁義之道在於內也。章指言人以道殊。賢愚體別。頭負足方。善惡如一。儲子之言。齊王之不達也

齊人有一妻一妾而處室者。其良人出則必饜酒肉而後反。其妻問所與飲食者。則盡富貴也。良人。夫也。盡富貴者。夫詐言其姓名也。○饜於劒反**其妻告其妾曰。良人出則必饜酒肉而後反。問其與飲**

食者盡富貴也。而未嘗有顯者來。吾將瞷良人之所之也。妻疑其詐。故欲視其所之蚤起。施從良人之所之。徧國中無與立談者。卒之東郭墦閒之祭者。乞其餘。不足。又顧而之他。此其爲饜足之道也。施者。邪施而行。不欲使良人覺也。墦閒。郭外冢閒也。乞其祭者所餘酒肉也。○施音迤。又音易。墦音燔潘二音其妻歸。告其妾曰。良人者。所仰望而終身也。今若此。與其妾訕其良人。而相泣於中庭。妻妾於中庭悲傷其良人。相對涕泣而謗毀之。○訕所晏

反

而良人未之知也，施施從外來，驕其妻妾。施施，猶扁扁，喜悅之貌。以爲妻妾不知，如故驕之也。○施施，如字，又音怡。文公如字。扁，毗緜反。

由君子觀之，則人之所以求富貴利達者，其妻妾不羞也，而不相泣者，幾希矣。由，用也。用君子之道觀今求富貴者，皆以枉曲之道，昏夜乞哀而求之，以驕人於白日。由此良人爲妻妾所羞，爲所泣傷也。幾希者，言今苟求富貴，妻妾雖不羞泣者，與此良人妻妾何異也。章指言小人苟得，謂不見知。君子觀之，與正道乖。妻妾猶羞，況於國人，著以爲戒，恥之甚焉。

孟子卷第八

元盱郡本孟子

漢 趙岐注 宋 孫奭音義

元盱郡重刊宋廖氏本

元岳氏本孝經

唐 唐玄宗注 唐 陸德明釋文

元岳氏荆谿家塾刻本

第二册

山東人民出版社·濟南

元盱郡本孟子

（孟子卷第九—孟子卷第十四）

漢 趙岐注 宋 孫奭音義

元盱郡重刊宋廖氏本

孟子卷第九

萬章章句上

萬章問曰：舜往于田，號泣于旻天，何爲其號泣也？問舜往至于田。何爲號泣也。謂耕於歷山之時。○號，文公平聲孟子曰：怨慕也。言舜自怨遭父母見惡之厄，而思慕也。○惡，烏路反。下同萬章曰：父母愛之，喜而不忘；父母惡之，勞而不怨。然則舜怨乎？言孝法當不怨。如是舜何故怨曰：長息問於公明高曰：舜往于田，則吾既得聞命矣。號泣于旻天于父母，則吾不知也。公明高曰：是非爾所知也。長息，公明高弟子。公明高，曾子弟子。旻天，秋也。憂陰氣也。故訴于旻天。高非息之問不得其義，故曰非爾所知。夫公明高以孝子之心爲不若是恝，恝，無愁之貌。孟子以萬章之問難自距之，故爲言高息之相對如此。夫公明高以爲孝子不得意於父母，自當怨悲，豈可恝恝然無憂哉。因爲萬章具陳其意。○【恝】古黠反，又音界。【爲】言，于僞反。下爲不順同。我竭力耕田，共爲子職而已矣。父母之不我愛，於我何哉？我共人子之事，而父母不我愛，於我之身獨有何罪哉。自求責於己而悲感焉。○【共】音恭。帝使其子九男二女。百官牛羊倉廩備。以事舜於畎畝之中 帝。堯也。堯使九子事舜以爲師。以二女妻舜。百官致牛羊。倉廩致粟米之饒。備具饋禮。以奉事舜於畎畝之中。由是遂賜舜以倉廩牛羊。使得自有之。堯典曰。釐降二女。不見九男。孟子時。尚書凡百二十篇。逸書有舜典之敘。亡失其文。孟子諸所言舜事。皆堯典及逸書所載。獨丹朱以胤嗣之子。臣下以距堯求禪。其餘八庶無事。故不見於堯典。猶晉獻公之子九人。五人以事見於春秋。其餘四子亦不復見 天下之士多就之者。帝將胥天下而遷之焉。爲不順於父母。如窮人無所歸 天下之善士多就舜而悦之。胥。須也。堯須天下悉治。

將遷位而禪之。順。愛也。爲不愛於父母。其爲憂愁。若困窮之人無所歸往也天下

之士悅之，人之所欲也欲。貪也而不足以解憂。

好色，人之所欲，妻帝之二女，而不足以解憂。

富，人之所欲，富有天下，而不足以解憂。貴，人

之所欲，貴爲天子，而不足以解憂。人悅之，好

色，富貴，無足以解憂者，惟順於父母可以解

憂。言爲人所悅。將見禪爲天子。皆不足以解憂。獨見愛於父母。爲可以解己之憂人

少，則慕父母；知好色，則慕少艾；有妻子，則慕

妻子。仕則慕君。不得於君則熱中。慕，思慕也。人少，年少也。艾，美好也。不得於君，失意於君也。熱中，心熱恐懼也。是乃人之情。○人少，詩沼反。知好，此章惟此此字呼報反。餘竝如字。大孝終身慕父母。五十而慕者，予於大舜見之矣。大孝之人，終身慕父母。若老萊子七十而慕，衣五綵之衣，爲嬰兒匍匐於父母前也。我於大舜見五十而尚慕父母。書曰：舜生三十徵庸，三十在位。在位時尚慕，故言五十也。章指言：夫孝百行之本，無物以先之。雖富有天下，而不能取悅於其父母，莫有可也。孝道明著，則六合歸仁矣。

萬章問曰：詩云：娶妻如之何，必告父母。信斯言也，宜莫如舜。

舜之不告而娶何也詩齊國風南山之篇言娶妻之禮必告父母舜合信此詩之言何爲違禮不告而娶也孟子曰告則不得娶男女居室人之大倫也如告則廢人之大倫以懟父母是以不告也舜父頑母嚚常欲害舜告則不聽其娶是廢人之大倫以怨懟於父母也○懟直類反萬章曰舜之不告而娶則吾既得聞命矣帝之妻舜而不告何也禮娶須五禮父母亢荅以辭是相告也帝謂堯也何不告舜父母也○妻去聲下同曰帝亦知告焉則不得妻也帝堯知舜舜大孝父母止之舜不敢違則不

得妻之。故亦不告 萬章曰。父母使舜完廩。捐階。瞽瞍焚廩。使浚井。出。從而揜之 完。治。廩。倉。階。梯也。使舜登廩屋。而捐去其階。焚燒其廩也。一說旋階。舜即旋從階下。瞽瞍不知其已下。故焚廩也。使舜浚井。舜入而即出。瞽瞍不知其已出。從而蓋其井。以為死矣。○揜音緣。又音旋。浚音峻 象曰。謨蓋都君咸我績 象。舜異母弟。謨。謀。蓋。覆也。都。於也。君。舜也。舜有牛羊倉廩之奉。故謂之君。咸。皆。績。功也。象言謀覆於君而殺之者。皆我之功。欲與父母分舜之有。取其善者。故引其功也。 牛羊父母。倉廩父母 欲以牛羊倉廩與其父母 干戈朕。琴朕。弤朕。二嫂使治朕棲 干。楯。戈。戟也。琴。

舜所彈五絃琴也。弤。彫弓也。天子曰彫弓。堯禪舜天下。故賜之彫弓也。棲。牀也。二嫂。娥皇女英。使治牀。欲以爲妻也。弤都禮反。又音彫。**象往入舜宮。舜在牀琴。象曰。鬱陶思君爾。忸怩。**象見舜生在牀鼓琴。愕然反辭曰。我鬱陶思君。故來。爾。辭也。忸怩而慙。是其情也。忸女六反。怩音尼。**舜曰。惟茲臣庶。汝其于予治。**茲。此也。象素憎舜。不至其宮也。故舜見來而喜曰。惟念此臣衆。汝故助我治事。**不識舜不知象之將殺己與。**萬章言我不知舜不知象之將殺之與。何爲好言順辭以荅象也。與音餘。**曰。奚而不知也。象憂亦憂。象喜亦喜。**奚。何也。孟子曰。舜何爲不知象惡已也。仁人愛其弟。憂喜隨之。象方言思君。故以順辭荅之。曰。然則舜僞喜者與。僞。詐也。萬章言如是則爲舜行至誠。而詐喜以悅人矣。曰。否。昔者有饋生魚於鄭子產。子產使校人畜之池。校人烹之。反命曰。始舍之圉圉焉。少則洋洋焉。攸然而逝。子產曰。得其所哉。得其所哉。孟子言否。云舜不詐喜也。因爲說子產以喻之。子產。鄭子國之子公孫僑。大賢人也。校人。主池沼小吏也。圉圉。魚在水羸劣之貌。洋洋。舒緩搖尾之貌。攸然。迅走水趣深處也。故曰得其所哉。重言之。嘉得魚之志也。○（校）音效。又音教。（畜）許六反。校人出。曰。孰謂子產智。予既烹而食之。曰得其所哉。得其所哉。故君子可欺以其方。難罔以非其道。彼以愛兄之道來。故誠信而喜之。奚僞焉。方。類也。君子可以事類欺。故子產不知校人之食其魚。象以其愛兄之言來向舜。是亦其類也。故誠信之而喜。何爲僞喜也。章指言仁聖所存者大。舍小從大。達權之義也。不告而娶。守正道也

萬章問曰。象日以殺舜爲事。立爲天子則放之何也。怪舜放之何故孟子曰。封之也。或曰放焉。舜封象於有庳。或有人以爲放之。○庳音鼻萬章曰。舜流共工于幽

州。放驩兜于崇山。殺三苗于三危。殛鯀于羽山。四罪而天下咸服。誅不仁也。象至不仁。封之有庳。有庳之人奚罪焉。仁人固如是乎。在他人則誅之。在弟則封之。舜誅四佞。以其惡也。象惡亦甚而封之。仁人用心當如是乎。罪在他人當誅之。在弟則封之。○驩音歡曰。仁人之於弟也。不藏怒焉。不宿怨焉。親愛之而已矣。親之欲其貴也。愛之欲其富也。封之有庳。富貴之也。身為天子。弟為匹夫。可謂親愛之乎孟子言仁人於弟。不問善惡。親愛之而已。封者。欲使富貴耳。身爲天子。弟雖不仁。豈可使爲匹夫也**敢問或曰放者何謂也**萬章問放之意**曰象不得有爲於其國天子使吏治其國而納其貢稅焉故謂之放豈得暴彼民哉**象不得施教於其國。天子使吏代其治。而納貢賦與之。比諸見放也。有庳雖不得賢君。象亦不侵其民也**雖然。欲常常而見之。故源源而來。不及貢。以政接于有庳**雖不使象得豫政事。舜以兄弟之恩。欲常常見之無已。故源源而來。如流水之與源通。不及貢者。不待朝貢諸侯常禮乃來也。其間歲歲自至京師。謂若天子以政事接見有庳之君者。實親親之恩也**此之謂也**此常常已下。皆尚書逸篇之辭。孟子以告萬章。言此乃象之謂也。章指言懇誠于內者。則外發於事。仁人之心也。象爲無道極矣。友于之性。忘其悖逆。況其仁賢乎**咸丘蒙問曰。語云。盛德之士。君不得而臣。父不得而子。舜南面而立。堯帥諸侯北面而朝之。瞽瞍亦北面而朝之。舜見瞽瞍其容有蹙。孔子曰。於斯時也。天下殆哉。岌岌乎。不識此語誠然乎哉**咸丘蒙。孟子弟子。語者。諺語也。言盛德之士。君不敢臣。父不敢子。堯與瞽瞍。皆臣事舜。其容有蹙踖不自安也。

孔子以爲君父爲臣。岌岌乎不安貌也。故曰殆哉。不知此語實然乎。○【帥】音率【蹙】子六反【岌】魚及反【踖】子亦反**孟子曰。否。**言不然也**此非君子之言。齊東野人之語也。**東野。東作田野之人所言耳。咸丘蒙齊人也。故聞齊野人之言。書曰。平秩東作。謂治農事也**堯老而舜攝也。堯典曰。二十有八載。放勛乃徂落。百姓如喪考妣三年。四海遏密八音。**孟子言舜攝行事耳。未爲天子也。放勛堯名。徂落死也。如喪考妣。思之如父母也。遏止也。密無聲也。八音不作。哀思甚也。○【勛】音勳**孔子曰。天無二日。民無二王。舜既爲天子矣。又帥天**

下諸侯以爲堯三年喪是二天子矣日一王一。言不得竝也咸丘蒙曰舜之不臣堯則吾既得聞命矣不以堯爲臣也詩云普天之下莫非王土率土之濱莫非王臣而舜既爲天子矣敢問瞽瞍之非臣如何詩小雅北山之篇。普。徧。率。循也。徧天下循土之濱。無有非王者之臣而曰瞽瞍非臣。如何也曰是詩也非是之謂也勞於王事而不得養父母也曰此莫非王事我獨賢勞也孟子言此詩非舜臣父之謂也。詩言皆王臣也。何爲獨使我以賢才而勞苦。不得養父母乎。是以怨也。養餘亮反。下同。故說詩者。不以文害辭。不以辭害志。以意逆志。是爲得之。如以辭而已矣。雲漢之詩曰。周餘黎民。靡有孑遺。信斯言也。是周無遺民也。文。詩之文章。所引以興事也。辭。詩人所歌詠之辭。志。詩人志所欲之事。意。學者之心意也。孟子言說詩者當本之。不可以文害其辭。文不顯。乃反顯也。不可以辭害其志。辭曰。周餘黎民。靡有孑遺。志在憂旱災。民無孑然遺脫。不遭旱災者。非無民也。人情不遠。以己之意逆詩人之志。是爲得其實矣。王者有所不臣。不可謂皆爲王臣。謂舜臣父也。興去聲。孝子之至。莫大乎尊親。

尊親之至。莫大乎以天下養。爲天子父。尊之至也。以天下養。養之至也。尊之至。瞽瞍爲天子父。養之至。舜以天下之富奉養其親。至。極也。詩曰。永言孝思。孝思惟則。此之謂也。詩大雅下武之篇。周武王所以長言孝道。欲以爲天下法則。此舜之謂也。

書曰。祗載見瞽瞍。夔夔齋栗。瞽瞍亦允若。是爲父不得而子也。書。尚書逸篇。祗。敬。載。事也。夔夔齋栗。敬慎戰懼貌。舜既爲天子。敬事嚴父。戰栗以見瞽瞍。瞍亦信知舜之大孝。若是爲父不得而子也。以是解咸丘蒙之疑。章指言孝莫大於嚴父而尊之矣。行莫過於蒸蒸。執子之政也。此聖人之軌

道。無有加焉

萬章曰。堯以天下與舜。有諸。欲知堯實以天下與舜否

孟子曰。否。堯不與之天子不能以天下與人。當與天意合之。非天命者。天子不能違天命也。堯曰咨爾舜。天之歷數在爾躬是也

然則舜有天下也。孰與之。萬章言誰與之也

曰。天與之。孟子言天與之

天與之者。諄諄然命之乎。萬章言天有聲音命與之乎。諄之純反

曰。否。天不言。以行與事示之而已矣。孟子曰。天不言語。但以其人之所行善惡。又以其事從而示天下也。以行去聲。下同。亦如字

曰。以行與事示之者如之何。萬章欲知示之之意

曰。天子能薦人於天。不能使天與之天下。諸侯能薦人於天子。不能使天子與之諸侯。大夫能薦人於諸侯。不能使諸侯與之大夫。昔者堯薦舜於天。而天受之。暴之於民。而民受之。故曰天不言。以行與事示之而已矣孟子言下能薦人於上。不能令上必用之。舜。天人所受。故得天下也。○暴步卜反曰。敢問薦之於天。而天受之。暴之於民。而民受之。如何萬章言天人受之。其事云何曰。使之主祭。而百神享之。

是天受之。使之主事而事治。百姓安之。是民受之也。天與之。人與之。故曰天子不能以天下與人。百神享之。祭祀得福也。百姓安之。民皆謳歌其德也。舜相堯二十有八載。非人之所能爲也。天也。二十八年之久。非人爲也。天與之也。堯崩。三年之喪畢。舜避堯之子於南河之南。天下諸侯朝覲者。不之堯之子而之舜。訟獄者。不之堯之子而之舜。謳歌者。不謳歌堯之子而謳歌舜。故曰天也。夫然後之中國。踐天子位焉。而居堯之宮。逼堯之子。是簒也。非天與也。南河之南。遠地南夷也。故言然後之中國。堯子。胤子丹朱。訟獄獄不決其罪。故訟之。謳歌。謳歌舜德也。○簒楚患反大誓曰。天視自我民視。天聽自我民聽。此之謂也。大誓尚書篇名。自。從也。言天之視聽從人所欲也。章指言德合於天則天爵歸之。行歸於仁則天下與之。天命不常。此之謂也萬章問曰。人有言至於禹而德衰。不傳於賢而傳於子。有諸。問禹之德衰不傳於賢而自傳於子。有之否孟子曰。否。不然也。否。不也。不如人所言天與賢則與賢。

天與子則與子（言隨天也）昔者舜薦禹於天十有七年舜崩三年之喪畢禹避舜之子於陽城天下之民從之若堯崩之後不從堯之子而從舜也禹薦益於天七年禹崩三年之喪畢益避禹之子於箕山之陰朝覲訟獄者不之益而之啓曰吾君之子也謳歌者不謳歌益而謳歌啓曰吾君之子也丹朱之不肖舜之子亦不肖舜之相堯禹之相舜也歷年多施

澤於民久。啓賢能敬承繼禹之道。益之相禹也歷年少。施澤於民未久。舜薦禹。禹薦益。同也。以啓之賢。故天下歸之。益又未久故也。陽城。箕山之陰。皆嵩山下深谷之中。以藏處也。〇施所豉反舜禹益相去久遠。其子之賢不肖。皆天也。非人之所能爲也。莫之爲而爲者。天也。莫之致而至者。命也莫。無也。人無所欲爲而横爲之者。天使爲也。人無欲致此事而此事自至者。是其命祿也。〇横胡孟反匹夫而有天下者。德必若舜禹。而又有天子薦之者。故仲尼不有天下。

繼世以有天下（仲尼無天子之薦。故不得有天下。繼世之君。雖無仲尼之德。襲父之位。非四夫。故得有天下也）天之所廢。必若桀紂者也。故益伊尹周公不有天下（益值啓之賢。伊尹值太甲能改過。周公值成王有德。不遭桀紂。故以匹夫而不有天下）伊尹相湯以王於天下。湯崩。太丁未立。外丙二年。仲壬四年。太甲顛覆湯之典刑。伊尹放之於桐。三年。太甲悔過。自怨自艾。於桐處仁遷義。三年。以聽伊尹之訓己也。復歸于亳（太丁。湯之太子。未立而薨。外丙立二年。仲壬四年。皆太丁之弟也。太甲。太丁子也。伊尹以其顚覆典刑。放之於桐邑。處。居也。遷。徙也。居仁徙義。自怨其惡行。艾。治也。治而改過。以聽伊尹之教訓己。故復得歸之於亳。反天子位也。○王文公去聲。艾音刈

周公之不有天下。猶益之於夏。伊尹之於殷也。孔子曰。唐虞禪。夏后殷周繼。其義一也。周公與益伊尹。雖有聖賢之德。不遭者時。然孔子言禪繼。其義一也。章指言篤志於仁。則四海宅心。守正不足。則聖位莫繼。丹朱商均是也。是以聖人孜孜於仁德也

萬章問曰。人有言伊尹以割烹要湯。有諸人言伊尹負鼎俎而干湯。有之否。○要音邀。下要而。以要。皆同

孟子曰。

否。不然。否。不是也伊尹耕於有莘之野。而樂堯舜之道焉。非其義也。非其道也。祿之以天下。弗顧也。繫馬千駟。弗視也。非其義也。非其道也。一介不以與人。一介不以取諸人。有莘國名。伊尹初隱之時。耕於有莘之國。樂仁義之道。非仁義之道者。雖以天下之祿加之。不一顧而覰也。千駟。四千匹也。雖多。不一眄視也。一介草不以與人。亦不以取於人也。(莘)所巾反(樂)音洛。下同湯使人以幣聘之。囂囂然曰。我何以湯之聘幣爲哉。我豈若處畎畒之中。由是以樂堯舜之道哉湯聞其賢。以玄纁之幣帛往聘之。囂囂。自得之志。無欲之貌也。曰。豈若居畎畝之中而無憂哉。樂我堯舜仁義之道。○囂五高反。又許驕反湯三使往聘之。既而幡然改曰。與我處畎畝之中。由是以樂堯舜之道。吾豈若使是君爲堯舜之君哉。吾豈若使是民爲堯舜之民哉。吾豈若於吾身親見之哉幡。反也。三聘既至。而後幡然改本之計。欲就湯聘以行其道。使君爲堯舜之君。使民爲堯舜之民。○幡與翻同天之生此民也。使先知覺後知。使先覺覺後覺也。予天民之先覺者也。予將以斯道覺斯民也。非予覺之而誰也。覺。悟也。天欲使先知之人。悟後知之人。我先悟覺者也。我欲以此仁義之道。覺悟此未知之民。非我悟之。將誰敎乎思天下之民。匹夫匹婦。有不被堯舜之澤者。若己推而內之溝中。其自任以天下之重如此。故就湯而說之以伐夏救民伊尹思念不以仁義之道化民者。如己推排內之溝壑中也。自任其重如此。故就湯。說之。伐夏桀。救民之厄也。○推土回反。亦如字。內音納。說如字。亦音稅。文公只音稅吾未聞枉己而正人者也。況辱己以正天下者乎枉己者尚不能以正人況於辱己之身而有正天下者也聖人之行不同也或遠或近或去或不去歸絜其身而已矣不同謂所由不同大要當同歸但殊塗耳或遠者處身遠也或近者仕者近君也或去者不屑就也或不去者云焉能浼我也歸於身絜不汚己而已○行文公去聲浼音每

吾聞其以堯舜之道要湯未聞以割烹也我聞伊尹以仁義干湯致湯爲王不聞以割烹牛羊爲道伊訓曰天誅造攻自牧宮朕載自亳伊訓尚書逸篇名牧宮桀宮朕我也謂湯也載始也亳殷都也言意欲誅伐桀造作可攻討之罪者從牧宮桀起自取之也湯曰我

始與伊尹謀之於亳。遂順天而誅也。章指言賢達之理世務也。推正以濟時物。守己直行。不枉道而取容。期於益治而已矣

萬章問曰：或謂孔子於衛主癰疽，於齊主侍人瘠環，有諸乎？有人以孔子為然。癰疽。癰疽之醫也。瘠姓。環名。侍人也。衛君齊君之所近狎人。○癰於容反疽七餘反

孟子曰：否，不然也。好事者為之也。否，不也。不如是也。好事毀人德行者為之辭也。○好呼報反。下同

於衛主顏讎由。彌子之妻與子路之妻，兄弟也。彌子謂子路曰：孔子主我，衛卿可得也。子路以告。孔子曰：有命。孔

子進以禮。退以義。得之不得。曰有命。而主癰疽與侍人瘠環。是無義無命也。顏讎由。衛賢大夫。孔子以爲主。彌子。彌子瑕也。因子路欲爲孔子主。孔子知彌子幸於靈公。不以正道。故不納之。而歸於命也。孔子進以禮。退以義。必曰有天命也。若主此二人。是爲無義無命也。○讎尺周反。亦如字。文公作如字。又音犨。孔子不悅於魯衛。遭宋桓司馬將要而殺之。微服而過宋。是時孔子當阨。主司城貞子。爲陳侯周臣。孔子以道不合。不見悅魯衛之君。而去適諸侯。遭宋桓魋之故。乃變更微服而過宋。司城貞子。宋卿也。雖非大賢。亦無諂惡之罪。故謚爲貞子。陳侯周。陳懷公子也。爲楚所滅。故無謚。但曰陳侯周。是時孔子遭阨難。不暇擇大賢臣。而主貞子。爲陳侯周臣也。於衞齊無阨難。何爲主癰疽瘠環也。○阨音厄

吾聞觀近臣以其所爲主。觀遠臣以其所主。若孔子主癰疽與侍人瘠環。何以爲孔子

近臣當爲遠方來賢者爲主。遠臣自遠而至。當主於在朝之臣賢者。若孔子主於卑幸之臣。是爲凡人耳。何謂孔子得見稱爲聖人。章指言君子大居正。以禮進退。屈伸達節。不違貞信。故孟子辯之。正其大義也。○所爲于僞反。註當爲同

萬章問曰。或曰。百里奚自鬻於秦養牲者五羊之皮。食牛以要

秦繆公。信乎。人言百里奚自賣五羖羊皮。爲人養牛。以是而要繆公之相。實然不。鬻音育。食音嗣。繆音穆。羖音古。孟子曰。否。不然。好事者爲之也。好事毁敗人之德行者。爲之設此言。好去聲。下同。百里奚虞人也。晉人以垂棘之璧。與屈產之乘。假道於虞以伐虢。宮之奇諫。垂棘。美玉所出地名。屈產地。良馬所生。乘。四馬也。皆晉國之所寶。宮之奇。虞之賢臣。諫不欲令虞公受璧馬。假晉道。屈九勿反。乘音剩。百里奚不諫。知虞公之不可諫。而去之秦。年已七十矣。曾不知以食牛干秦繆公之爲汙也可謂智乎不可諫而不諫可謂不智乎知虞公之將亡而先去之不可謂不智也時舉於秦知繆公之可與有行也而相之可謂不智乎相秦而顯其君於天下可傳於後世不賢而能之乎百里奚知虞公之不可諫而去之秦年七十而不知食牛干人君之爲汙是爲不智也欲言其不智下有三智知食牛干秦爲不然也卒相秦顯其君不賢之人豈能如是言其實賢也自鬻以成其君鄉黨自好者不爲而謂賢者爲之乎人自鬻於汙辱而以傳相成立其君鄉黨

邑里自喜好名者。尚不肯爲也。況賢人肯辱身而爲之乎。章指言君子時行則行。時舍則舍。故能顯君明道。不爲苟合而違正也

孟子卷第九

孟子卷第十

萬章章句下

孟子曰伯夷目不視惡色耳不聽惡聲非其君不事非其民不使治則進亂則退橫政之所出橫民之所止不忍居也思與鄉人處如以朝衣朝冠坐於塗炭也當紂之時居北海之濱以待天下之清也故聞伯夷之風者頑夫廉懦夫有立志孟子反覆嗟伯夷伊尹柳下惠之德以爲足以配於

聖人。故數章陳之。猶詩人有所誦述至於數四。蓋其留意者也。義見上篇矣。此復言不視惡色。謂行不正而有美色者。若夏姬之比也。耳不聽惡聲。謂鄭聲也。後世聞其風者。頑貪之夫。更思廉絜。懦弱之人。更思有立義之志也。○〔横〕胡孟反〔行〕不。下孟反

伊尹曰。何事非君。何使非民。治亦進。亂亦進。曰天之生斯民也。使先知覺後知。使先覺覺後覺。予天民之先覺者也。予將以此道覺此民也。思天下之民。匹夫匹婦有不與被堯舜之澤者。如己推而內之溝中。其自任以天下之重也

說與上同○與音豫柳下惠不羞汙君不辭小官進不隱賢必以其道遺佚而不怨阨窮而不憫與鄉人處由由然不忍去也爾爲爾我爲我雖袒裼裸裎於我側爾焉能浼我哉故聞柳下惠之風者鄙夫寬薄夫敦鄙狹者更寬優薄淺者更深厚○阨音厄袒音但裼音錫裸郎果反裎音程焉音煙孔子之去齊接淅而行去魯曰遲遲吾行也去父母國之道也可以速而速可以久而久可以處而處可以仕

而仕。孔子也。淅。漬米也。不及炊。避惡亟也。魯父母之國。遲遲不忍去也。是其道也。孔子聖人。故能量時宜。動中權也。○〔淅〕先歷反。〔中〕張仲反。下其中同孟子曰。伯夷聖之清者也。伊尹聖之任者也。柳下惠聖之和者也。孔子聖之時者也。孔子之謂集大成。集大成也者。金聲而玉振之也。金聲也者。始條理也。玉振之也者。終條理也。伯夷清伊尹任柳下惠和。皆得聖人之道也。孔子時行則行。時止則止。孔子集先聖之大道。以成己之聖德者也。故能金聲而玉振之。振。揚也。故如金聲之有殺。振揚玉音。始終如一也。始條理者。

金從革。可治之使條理。終條理者。玉終其聲而不細也。合三德而不撓也。始條理

者智之事也。終條理者聖之事也。智者。智理物。聖人終始同。智譬則巧也。聖譬則力也。由射於百步之外也。其至爾力也。其中非爾力也。以智譬由人之有技巧也。可學而益之。以聖譬。由力之有多少。自有極限。不可强增。聖人受天性。可庶幾而不可及也。夫射遠而至。爾努力也。其中的者。爾之巧也。思改其手用巧意。乃能中也。章指言聖人由力。力有常也。賢者由巧。巧可增也。仲尼天高。故不可階。他人丘陵。丘陵由可踰。所謂小同而大異者也

北宮錡問曰。周室班爵祿也。如之

何北宮錡，衛人。班，列也。問周家班列爵祿等差謂何。○錡，魚綺反。孟子曰：「其詳不可得聞也。諸侯惡其害己也，而皆去其籍。然而軻也嘗聞其略也。詳，悉也。不可得備知也。諸侯欲恣行僭惡，其法度妨害己之所爲，故滅去典籍。今周禮司祿之官無其職，是則諸侯皆去之，故使不復存也。軻，孟子名。略，麤也。言嘗聞其大綱如此。今考之禮記王制則合也。○惡，烏路反。（去）文公上聲。天子一位，公一位，侯一位，伯一位，子、男同一位，凡五等也。公，謂上公九命及二王後也。自天子以下，列尊卑之位，凡五等。君一位，卿一位，大夫一位，上士一位，中士一位，下士一位，凡六等。諸侯法天子臣名，亦有此六等，從君下至於士也。天子之制，地方千里，公侯皆方百里，伯七十里，子男五十里，凡四等。不能五十里，不達於天子，附於諸侯曰附庸。凡此四等，土地之等差也。天子封畿千里，諸侯方百里，象雷震也。小者不能特達於天子，因大國以名通曰附庸也。天子之卿受地視侯，大夫受地視伯，元士受地視子男。視，比也。天子之卿大夫士所受采地之制也。○采音菜。大國地方百里，君十卿祿，卿祿四大夫，大夫倍上士。上士倍中士。中士倍下士。下士與庶人在官者同祿。祿足以代其耕也。（公侯之國爲大國。卿祿居於君祿十分之一也。大夫祿居於卿祿四分之一也。上士之祿居大夫祿二分之一也。中士下士轉相倍。庶人在官者。未命爲士者也。其祿比上農夫。士不得耕。以祿代耕也。）次國地方七十里。君十卿祿。卿祿三大夫。大夫倍上士。上士倍中士。中士倍下士。下士與庶人在官者同祿。祿足以代其耕也。（伯爲次國。大夫祿居卿祿三分之一也。）小國地方五十里。君十卿祿。卿祿二大夫。大夫倍上士。上士倍中士。中士倍下士。下士與庶人在官者同祿。祿足以代其耕也。子男爲小國。大夫祿居卿祿二分之一也。耕者之所獲。一夫百畝。百畝之糞。上農夫食九人。上次食八人。中食七人。中次食六人。下食五人。庶人在官者。其祿以是爲差。獲。得也。一夫一婦佃田百畝。百畝之田。加之以糞。是爲上農夫。其所得穀。足以食九口。庶人在官者食祿之等差。由農夫有上中下之次。亦有此五等。若今之斗食佐史除吏也。章指言聖人制祿。上下差敘。貴有常尊。賤有等威。諸侯僭越。

滅籍從私。孟子略記。言其大綱以荅北宮子之問。（食）音嗣。下同。萬章問曰。敢問友。問朋友之道也。孟子曰。不挾長。不挾貴。不挾兄弟而友。友也者。友其德也。不可以有挾也。長。年長。貴。貴勢。兄弟。兄弟有富貴者。不挾是乃爲友。謂相友以德也。（挾）音協。（長）張丈反。孟獻子。百乘之家也。有友五人焉。樂正裘。牧仲。其三人。則予忘之矣。獻子之與此五人者友也。無獻子之家者也。此五人者。亦有獻子之家。則不與之友矣。獻子。魯卿孟氏也。有百乘之賦。樂正裘。牧仲。其五人者皆賢人無位者也此五人者自有獻子之家富貴而復有德不肯與獻子友也獻子以其富貴下此五人五人屈禮而就之也非惟百乘之家爲然也雖小國之君亦有之費惠公曰吾於子思則師之矣吾於顏般則友之矣王順長息則事我者也小國之君若費惠公者也王順長息德不能見師友故曰事我者也○費音秘般音班非惟小國之君爲然也雖大國之君亦有之晉平公於亥唐也入云則入坐云則坐食云則食雖疏食菜羹未嘗不飽蓋不

敢不飽也然終於此而已矣 大國之君如晉平公者也亥唐晉賢人也隱居陋巷者平公常往造之亥唐言入平公乃入言坐乃坐言食乃食也蔬食糲食也不敢不飽敬賢也終於此平公但以此禮下之而已○糲盧葛反 弗與共天位也弗與治天職也弗與食天祿也士之尊賢者也非王公尊賢也 位職祿皆天之所以授賢者而平公不與亥唐共之而但卑身下之是乃匹夫尊賢者之禮耳王公尊賢當與共天職矣 舜尚見帝帝館甥于貳室亦饗舜迭爲賓主是天子而友匹夫也 尚上也舜在畎畝之時堯友禮之舜上見堯堯舍之

於貳室。貳室。副宮也。堯亦就饗舜之所設。更迭爲賓主。禮謂妻父曰外舅。謂我舅者。吾謂之甥。堯以女妻舜。故謂舜甥。卒與之天位。是天子之友匹夫也。○迭徒結反

用下敬上。謂之貴貴。用上敬下。謂之尊賢。貴貴尊賢。其義一也。下敬上。臣恭於君也。上敬下。君禮於臣也。皆禮所尚。故云其義一也。章指言匹夫友賢。下之以德。王公友賢。授之以爵。大聖之行。千載爲法者也。

萬章曰。敢問交際何心也。際。接也。問交接道當執何心爲可者。孟子曰。恭也。當執恭敬爲心。曰。卻之卻之爲不恭。何哉。萬章問卻不受尊者。禮謂之不恭。何然也。曰。尊者賜之。曰。其所取

之者義乎。不義乎。而後受之。以是爲不恭。故弗卻也。孟子曰。今尊者賜己。己問其所取此物。寧以義乎。得無不義。乃後受之。以是爲不恭。故不當問尊者不義而卻之也。曰。請無以辭卻之。以心卻之。曰。其取諸民之不義也。而以他辭無受。不可乎。萬章曰。請無正以不義之辭卻也。心知其不義。以他辭讓無受之。不可邪。曰。其交也以道。其接也以禮。斯孔子受之矣。孟子言其來求交己以道理。其接待己有禮者。若斯。孔子受之矣。言可受也。萬章曰。今有禦人於國門之外者。其交也以道。其餽也。以禮斯可受禦與禦人。以兵禦人。而奪之貨。如是而以禮道來交接己。斯可受乎。○與音餘。下皆同曰。不可。康誥曰。殺越人于貨。閔不畏死。凡民罔不譈。是不待教而誅者也。殷受夏。周受殷。所不辭也。於今為烈。如之何其受之孟子曰。不可受也。康誥。尚書篇名。周公戒成王康叔封。越。于。皆於也。殺於人。取於貨。閔然不知畏死者。譈。殺也。凡民無不得殺之者也。若此之惡。不待君之教命。遭人則討之。三代相傳以此。法不須辭問也。於今為烈。烈。明法。如之何受其餽也。○譈徒對反。曰。今之諸侯取之於民也。猶禦也。苟善其禮際矣，斯君子受之，敢問何說也？萬章曰：今諸侯賦稅於民，不由其道，履畝彊求，猶禦人也。欲善其禮以接君子，君子欲受之，何說也？君子謂孟子。曰：子以爲有王者作，將比今之諸侯而誅之乎？其教之不改而後誅之乎？夫謂非其有而取之者盜也，充類至義之盡也。孔子之仕於魯也，魯人獵較，孔子亦獵較。獵較猶可，而況受其賜乎？孟子謂萬章曰：子以爲後如有聖人興作，將比地盡誅今之諸侯乎？將教之，其不改者乃誅之乎？言必教之，誅其不改者也。殷之衰，亦猶周之末。武王不盡誅殷之諸侯。滅國五十而已。知後王者。亦不盡誅也。謂非其有而竊取之者爲盜。充。滿。至。甚也。滿其類大過至者。但義盡耳。未爲盜也。諸侯本當税民之類者。今大盡耳。亦不可比於禦。孔子隨魯人之獵較。獵較者。田獵相較奪禽獸。得之以祭。時俗所尚。以爲吉祥。孔子不違而從之。所以小同於世也。獵較尚猶可爲。況受其賜。而不可也。比毗失反。亦毗志反。文公去聲。較音角

曰。然則孔子之仕也。非事道與。萬章問孔子之仕。非欲事行其道與。**曰。事道也。**孟子曰。孔子所仕者。欲事行其道。**事道。奚獵較也。**萬章曰。孔子欲事道。如何可獵較也。**曰。**

孔子先簿正祭器。不以四方之食供簿正。孟子

曰。孔子仕於衰世。不可卒暴改戾。故以漸正之。先爲簿書。以正其宗廟祭祀之器。即其舊禮。取備於國中。不以四方珍食供其所簿正之器。度珍食難常有。乏絶則爲不敬。故獵較以祭也。○簿步古反

曰。奚不去也。萬章曰。孔子不得行道。何爲不去

曰。爲之兆也。兆足以行矣。而不行。而後去。是以未嘗有所終三年淹也。兆。始也。孔子每仕。常爲之正本造始。欲以次治之。而不見用。占其事始而退。足以行之矣。而君不行也。然後則孔子去矣。終者竟也。孔子未嘗得竟事一國也。三年淹留而不去者也。○爲之于僞反。下爲貧。爲養。皆同

孔子有見行可之仕。有際可之仕。有公養之仕。

於季桓子見行可之仕也。於衛靈公際可之仕也。於衛孝公公養之仕也。行可冀可行道也。魯卿季桓子秉國之政，孔子仕之，冀可得因之行道也。際接也。衛靈公接遇孔子以禮，故見之也。衛孝公。以國君養賢者之禮養孔子，故宿留以荅之矣。章指言聖人憂民，樂行其道，苟善辭命，不忍逆距，不合則去，亦不淹久，蓋仲尼行止之節也。○宿音秀　留音霤

孟子曰。仕非爲貧也。而有時乎爲貧。娶妻非爲養也。而有時乎爲養。仕本爲行道濟民也，而有以居貧親老而仕者。娶妻本爲繼嗣也，而有以親執釜竈不擇妻而娶者。○養餘亮反

爲貧者。辭尊居

卑。辭富居貧。爲貧之仕。當讓高顯之位。無求重祿。辭尊居卑。辭富居貧。惡乎宜乎。抱關擊柝。辭尊富者。安所宜乎。宜居抱關擊柝監門之職也。柝。門關之木也。擊。椎之也。或曰。柝。行夜所擊木也。傳曰。魯擊柝聞於邾。惡音烏。後章賢惡同。柝音託。椎直追反。孔子嘗爲委吏矣。曰。會計當而已矣。嘗爲乘田矣。曰。牛羊茁壯長而已矣。位卑而言高。罪也。立乎人之本朝而道不行。恥也。孔子嘗以貧而祿仕。委吏。主委積倉庾之吏也。不失會計。當直其多少而已。乘田。苑囿之吏也。主六畜之芻牧者也。牛羊茁壯肥好長大而已。茁茁。生長貌也。

詩云。彼茁者葭。位卑不得高言豫朝事。故但稱職而已。立本朝。大道當行。不行。爲己之恥。是以君子祿仕者。不處大位。章指言國有道則能者取卿相。國無道則聖人居乘田。量時安卑。不受言責。獨善其身之道也。○委於僞反 會古外反 乘音剩 茁阻刮反 長張丈反 葭音加 積子智反 稱尺證反 直直吏反

萬章曰。士之不託諸侯何也託。寄也。謂若寄公食祿於所託之國也

孟子曰。不敢也。諸侯失國而後託於諸侯。禮也。士之託於諸侯。非禮也謂士位輕。本非諸侯敵體。故不敢比失國諸侯。得爲寄公也

萬章曰。君餽之粟。則受之乎士窮而無祿。君餽之粟。則可受之乎

曰受

之孟子曰受之也受之何義也萬章曰受粟何義也曰君之於氓也固周之氓，民也。孟子曰：君之於民，固當周其窮乏，況於士乎。○氓音萌曰周之則受，賜之則不受，何也萬章言士窮，君周之則受，賜之則不受，何也。周者謂周急稟貧民之常科也，賜者謂禮賜橫加也曰不敢也孟子曰：士不敢受賜曰敢問其不敢何也萬章問何爲不敢曰抱關擊柝者皆有常職以食於上，無常職而賜於上者，以爲不恭也孟子曰：有職事者可食於上。祿士不仕，自以不任職事，而空受賜爲不恭，故不受也曰君餽之則受之，不識可常繼乎萬章曰。君禮餽賢臣。賢臣受之。不知可繼續而當來致之乎。將當輒更以君命將之也曰繆公之於子思也亟問亟餽鼎肉子思不悅於卒也摽使者出諸大門之外北面稽首再拜而不受曰今而後知君之犬馬畜伋蓋自是臺無餽也孟子曰。魯繆公時。尊禮子思。數問數餽鼎肉。子思以君命煩。故不悅也。於卒者。末後復來時也。摽。麾也。麾使者出大門之外。再拜叩頭不受。曰。今而後知君犬馬畜伋。伋。子思名也。責君之不優以不煩。而但數與之食物。若養犬馬。臺。賤官。主使令者。傳曰。僕臣臺。從是之後。臺不持餽來。繆公慍也。慍。恨也。繆音穆。亟音器。下同。摽音杓。使去聲。悅賢不能舉。又不能養也。可謂悅賢乎孟子譏繆公之雖欲有悅賢之意。而不能舉用使行其道。又不能優養終竟之。豈可謂能悅賢也曰。敢問國君欲養君子如何斯可謂養矣萬章問國君養賢之法也曰。以君命將之。再拜稽首而受。其後廩人繼粟。庖人繼肉。不以君命將之。子思以爲鼎肉使己僕僕爾亟拜也。非養君子之道也將者行也。孟子曰。始以君命行禮拜受之。其後倉廩之吏繼其粟。將盡復送。廚宰之人。日送其肉。不復以君命者。欲使賢者不

荅以敬。所以優之也。子思所以非繆公者。以爲鼎肉使己數拜故也。僕僕。煩猥貌。謂其不得養君子之道也

堯之於舜也。使其子九男事之。二女女焉。百官牛羊倉廩備。以養舜於畎畝之中。後舉而加諸上位。故曰王公之尊賢者也

堯之於舜如是。是王公尊賢之道也。九男以下。已說於上篇。上位。尊帝位也。章指言知賢之道。舉之爲上。養之爲次。不舉不養。賢惡肯歸。是以孟子上陳堯舜之大法。下刺繆公之不弘也〇女焉。去聲

萬章曰。敢問不見諸侯。何義也。問諸侯聘請。而夫子不見之。於義何取也

孟子曰。在國曰市井之臣。

在野曰草莽之臣。皆謂庶人。庶人不傳質爲臣。不敢見於諸侯。禮也。在國。謂都邑也。民會於市。故曰市井之人。在野。野居之人。莽亦草也。庶。衆也。衆庶之人未得爲臣。傳。執也。見君之質。執雉之屬也。未爲臣則不敢見之。禮也。○質讀如贄。敢見音現。下往見見君。皆同

萬章曰。庶人召之役。則往役。君欲見之。召之。則不往見之。何也。庶人召使給役事。則往供事。君召之見。不肯往見。何也

曰。往役義也。往見。不義也。且君之欲見之也。何爲也哉。孟子曰。庶人法當給役。故往役義也。庶人非臣也。不當見君。故往見不義也。且君何

爲欲見之而召之也○爲去聲下並同曰爲其多聞也爲其賢也萬章曰君以是欲見之也曰爲其多聞也則天子不召師而況諸侯乎爲其賢也則吾未聞欲見賢而召之也孟子曰安有召師召賢之禮而可往見也繆公亟見於子思曰古千乘之國以友士何如子思不悅曰古之人有言曰事之云乎豈曰友之云乎子思之不悅也豈不曰以位則子君也我臣也何敢與君友也以德則子事我者也奚可

以與我友千乘之君求與之友而不可得也。而況可召與魯繆公欲友子思。子思不悅而稱曰。古人曰。見賢人當事之。豈云友之邪。孟子云。子思所以不悅者。豈不謂臣不可友君。弟子不可友師也。若子思之意。亦不可友。況乎可召之齊景公田。招虞人以旌。不至。將殺之。志士不忘在溝壑。勇士不忘喪其元。孔子奚取焉。取非其招不往也。已說於上篇曰。敢問招虞人何以萬章問招虞人當何用也曰。以皮冠。庶人以旃。士以旂。大夫以旌。孟子曰。招禮若是。皮冠。弁也。旃。通帛也。因章曰旃。旂。旌有鈴者。旌。注旄首者以大夫之招招虞人。虞人死不敢往。以士之招招庶人。庶人豈敢往哉。況乎以不賢人之招招賢人乎以貴者之招招賤人。賤人尚不敢往。況以不賢人之招招賢人乎。不賢之招。不以禮也欲見賢人而不以其道。猶欲其入而閉之門也。夫義路也。禮門也。惟君子能由是路。出入是門也欲人之入而閉其門。可得而入乎。閉門由閉禮也詩云。周道如底。其直如矢君子所履。小人所視詩小雅大東之篇。底。平。矢。直。視。比也。周道平直。

君子履直道。小人比而則之。以喻虞人
能效君子守死善道也。○厎之履反 萬章
曰。孔子君命召。不俟駕而行。然則孔子非與
俟。待也。孔子不待駕而應
君命也。孔子爲之非與。 曰。孔子當仕有官
職。而以其官召之也 孟子言孔子所以不待
駕者。孔子當仕位有官
職之事。君以其官名召之。豈得不顚倒。詩云。
顚之倒之。自公召之。不謂賢者無位而君欲
召見也。章指言君子之志。志於行道。不得其
禮。亦不苟往。於禮之可。伊尹三聘。而後就湯。
道之未洽。沮溺耦耕。
接輿佯狂。豈可見也 孟子謂萬章曰。一鄉之
善士。斯友一鄉之善士。一國之善士。斯友一

國之善士。天下之善士。斯友天下之善士一鄉

鄉之善者。國。國中之善者。天下。四海之內也。各以大小來相友。自爲疇匹也

以友天下之善士爲未足。又尚論古之人。頌其詩。讀其書。不知其人可乎。是以論其世也。是尚友也

好善者。以天下之善士爲未足。極其善道也。尚。上也。乃復上論古之人。頌其詩。詩歌頌之。故曰頌。讀其書。猶恐未知古人高下。故論其世以別之也。在三皇之世爲上。在五帝之世爲次。在三王之世爲下。是爲好上友之人也。章指言好高慕遠。君子之道。雖各有倫。樂其崇茂。是以仲尼曰。毋友不如己者。高山仰止。景行行止

齊宣王問

卿。孟子曰。王何卿之問也。王問何卿也王曰。卿不同乎。曰。不同。有貴戚之卿。有異姓之卿。孟子曰。卿不同。貴戚之卿。謂內外親族也。異姓之卿。謂有德。命爲三卿也王曰。請問貴戚之卿。問貴戚之卿如何曰。君有大過則諫。反覆之而不聽。則易位。孟子曰。貴戚之卿。反覆諫君。君不聽。則欲易君之位。更立親戚之貴者王勃然變乎色。王聞此言。慍怒而驚懼。故勃然變色曰。王勿異也。王問臣。臣不敢不以正對。孟子曰。王勿怪也。王問臣。臣不敢不以其正義對王色定。然後請問異姓之卿王意解。顔色定。復問異姓之卿如之何也曰。君有過則諫。反覆之而不聽。則去孟子言異姓之卿。諫君不從三而待放。遂不聽之。則去而之他國也。章指言國須賢臣。必擇忠良。親近貴戚。或遭殃禍。伊發有莘。爲殷興道。故云成湯立賢無方也

孟子卷第十

盱郡重刊
廖氏善本

孟子卷第十一

告子章句上

告子曰性猶杞柳也義猶桮棬也以人性爲仁義猶以杞柳爲桮棬告子以爲人性爲才幹義爲成器猶以杞柳之木爲桮棬也杞柳柜柳也一曰杞木名也詩云北山有杞桮棬桮素也○告子名不害桮音杯棬丘圓反屈木爲之也

孟子曰子能順杞柳之性而以爲桮棬乎將戕賊杞柳而後以爲桮棬也戕猶殘也春秋傳曰戕舟發梁子能順完杞柳不傷其性而成桮棬乎將以斤斧殘

賊之。乃可以爲桮棬乎。言必殘賊也。戕音牆。如將戕賊杞柳而以爲桮棬，則亦將戕賊人以爲仁義與？孟子言以人身爲仁義，豈可復殘傷其形體乃成仁義邪。明不可比桮棬也。與音餘。下皆同。率天下之人而禍仁義者，必子之言夫！以告子轉性以爲仁義，若轉木以成器。必殘賊之。故言率人以禍仁義者，必子之言。夫，歎辭也。章指言養性長義，順天自然。殘木爲器，變而後成。告子道偏，見有不純。仁內義外，違人之端。孟子拂之，不假以言也。

告子曰：性猶湍水也，決諸東方則東流，決諸西方則西流。人性之無分於善不善也，猶水之無分於東西也湍者圜也。謂湍湍瀠水也。告子以喻人性若是水也。善惡隨物而化。無本善不善之性也。○湍他端反。分如字。又扶問反孟子曰。水信無分於東西。無分於上下乎。人性之善也。猶水之就下也。人無有不善。水無有不下。今夫水。搏而躍之。可使過顙。激而行之。可使在山。是豈水之性哉。其勢則然也。人之可使爲不善。其性亦猶是也孟子曰。水誠無分於東西。故決之而往也。水豈無分於上下乎。水性但欲下耳。人性生而有善。猶水欲下也。所以知人皆有善性。似水無有不下者也。躍。跳。顙。額也。人以手跳水可使過顙激之可令上山。皆迫於勢耳。非水之性也。人之可使爲不善。非順其性也。亦妄爲利欲之勢所誘迫耳。猶是水也。言其本性非不善也。章指言人之欲善。猶水好下。迫勢激躍。失其素眞。是以守正性者爲君子。隨曲拂者爲小人也。搏補各反顙蘇黨反

告子曰。生之謂性。凡物生同類者皆同性

孟子曰。生之謂性也。猶白之謂白與。猶見白物。皆謂之同。白。無異性也

曰。然。告子曰然

白羽之白也。猶白雪之白。白雪之白。猶白玉之白與。孟子以爲羽性輕。雪性消。玉性堅。雖俱白。其性不同。問告子。子以三白之性同邪

曰。然。告子

曰然。誠以為同也

然則犬之性猶牛之性。牛之性猶人之性與

孟子言犬之性。豈與牛同所欲。牛之性。豈與人同所欲乎。章指言物雖有性。性各殊異。惟人之性。與善俱生。赤子入井。以發其誠。告子一之。知其麤矣。孟子精之。是在其中

告子曰。食色性也。仁內也。非外也。義外也。非內也

人之甘食悅色者。人之性也。仁由內出。義在外也。不從己身出也

孟子曰。何以謂仁內義外也

孟子怪告子是言也

曰。彼長而我長之。非有長於我也。猶彼白而我白之。從其白於外也。故謂之外也

告子言見彼人年長

大。故我長敬之。長大者非在於我也。猶白色見於外也。○長上聲。下同曰異於白馬之白也。無以異於白人之白也。不識長馬之長也。無以異於長人之長與。且謂長者義乎。長之者義乎。孟子曰。長異於白。白馬白人。同謂之白可也。不知敬老馬無異於敬老人邪。且謂老者爲有義乎。將謂敬老者爲有義乎。敬老者己也。何以爲外也曰吾弟則愛之。秦人之弟則不愛也。是以我爲悅者也。故謂之內。長楚人之長。亦長吾之長。是以長爲悅者也。故謂之外也。告子曰。愛從己

則己心悅。故謂之內。所悅喜老者在外。故曰外

曰。耆秦人之炙。無以異於耆吾炙。夫物則亦有然者也。然則耆炙亦有外與

孟子曰。耆炙同等。情出於中。敬楚人之老。與敬己之老。亦同己情性敬之。雖非己炙。同美。故曰物則有然者也。如耆炙之意。豈在外邪。言楚秦。喻遠也。章指言事雖在外。行其事者皆發於中。明仁義由內。所以曉告子之惑也。

耆音嗜。炙之夜反

孟季子問公都子曰。何以謂義內也

季子亦以爲義外也

曰。行吾敬。故謂之內也

公都子曰。以敬在心而行之。故言內

鄉人長於伯兄一歲。則誰敬

季子曰。敬誰也

曰。敬兄

公都子曰當敬兄也酌則誰先季子曰酌酒則先酌誰曰先酌鄉人公都子曰當先鄉人所敬在此所長在彼果在外非由內也季子曰所敬者兄也所酌者鄉人也如此義果在外不由內也果猶竟也

公都子不能荅以告孟子公都子無以荅季子之問孟子曰敬叔父乎敬弟乎彼將曰敬叔父曰弟爲尸則誰敬彼將曰敬弟子曰惡在其敬叔父也彼將曰在位故也子亦曰在位故也庸敬在兄斯須之敬在鄉人孟子使公都子荅季子如此言弟以在尸

位。故敬之。鄉人在賓位。故先酌之耳。庸。常也。常敬在兄。斯須之敬在鄉人也。○惡音烏

季子聞之曰。敬叔父則敬。敬弟則敬。果在外。非由內也。隨敬所在而敬之。果在外。公都子曰。冬日則飲湯。夏日則飲水。然則飲食亦在外也。湯水雖異名。其得寒溫者。中心也。雖隨敬之所在。亦中心敬之。猶飲食從人所欲。豈可復謂之外也。章指言凡人隨形。不本其原。賢者達情。知所以然。季子信之。猶若告子。公都受命。然後乃理。

公都子曰。告子曰。性無善無不善也。公都子道告子以爲人性在化。無本善不善也。或曰。性可以爲善。可以爲不

善。是故文武興則民好善。幽厲興則民好暴公都子曰。或人以爲可教以善不善亦由告子之意也。故文武聖化之起。民皆喜爲善。幽厲虐政之起。民皆好暴亂或曰。有性善。有性不善。是故以堯爲君而有象。以瞽瞍爲父而有舜。以紂爲兄之子。且以爲君。而有微子啓王子比干公都子曰。或人者以爲人各有性。善惡不可化移。堯爲君。象爲臣。不能使之爲善。瞽瞍爲父。不能化舜爲惡。紂爲君。又與微子比干有兄弟之親。亦不能使此二子爲不仁。是亦各有性也今曰性善。然則彼皆非與公都子曰。告子之徒。其論如此。

今孟子曰。人性盡善。然則彼之所言皆非邪

孟子曰。乃若其情則可以爲善矣。乃所謂善也。若夫爲不善。非才之罪也。若。順也。性與情相爲表裏。性善勝情。情則從之。孝經曰。此哀戚之情。情從性也。能順此情使之善者。眞所謂善也。若隨人而强作善者。非善者之善也。若爲不善者。非所受天才之罪。物動之故也。强其丈反

惻隱之心。人皆有之。羞惡之心。人皆有之。恭敬之心。人皆有之。是非之心。人皆有之。惻隱之心。仁也。羞惡之心。義也。恭敬之心。禮也。是非之心。智也。仁義禮

智非由外鑠我也，我固有之也，弗思耳矣。故曰：求則得之，舍則失之。或相倍蓰而無筭者，不能盡其才者也。仁義禮智，人皆有其端，懷之於內，非從外消鑠我也。求存之則可得而用之，舍縱之則亡失之矣。故人之善惡，或相倍蓰，或至於無筭者，不得相與計多少，言其絕遠也。所以惡乃至是者，不能自盡其才性也。故使有惡人，非天獨與此人惡性，其有下愚不移者，譬如被疾不成之人，所謂童昏也。○惡，烏故反。舍，音捨，下皆同。蓰，音師，又山綺反。解見滕文公。詩曰：天生蒸民，有物有則。民之秉夷，好是懿德。孔子曰：爲此詩者，其知道乎。故有物必有則。民之秉夷也。故好是懿德。詩大雅蒸民之篇。言天生衆民。有物則有所法則。人法天也。民之秉夷。夷常也。常好美德。孔子謂之知道。故曰人皆有善也。章指言天之生人。皆有善性。引而趨之。善惡異衢。高下相懸。賢愚舛殊。尋其本者。乃能一諸

孟子曰。富歲子弟多賴。凶歲子弟多暴。非天之降才爾殊也。其所以陷溺其心者然也。富歲豐年也。凶歲飢饉也。子弟凡人之子弟也。賴善。暴惡也。非天降下才性與之異。以飢寒之阨。陷溺其心。使爲惡者也。今夫麰麥播種而耰之。其地同。樹之時又同。浡然而生。

至於日至之時。皆熟矣。雖有不同。則地有肥磽。雨露之養。人事之不齊也。麰麥。大麥也。詩云。貽我來麰。言人性之同。如此麰麥。其不同者。人事雨澤有不足。地之有肥磽耳。磽。薄也。○麰音牟。耰音憂。耰。覆苗根也。浡音勃。磽苦交反。故凡同類者。舉相似也。何獨至於人而疑之。聖人與我同類者。聖人亦人也。其相覺者。以心知耳。蓋體類與人同。故舉相似也。○覺音教。故龍子曰。不知足而為屨。我知其不為蕢也。屨之相似。天下之足同也。龍子。古賢者也。雖不知足小大。作屨者猶不更作蕢。蕢。草器也。以屨相似。

天下之足略同故也。蕢音匱口之於味。有同耆也。易牙先得我口之所耆者也。如使口之於味也。其性與人殊。若犬馬之與我不同類也。則天下何耆皆從易牙之於味也。至於味。天下期於易牙。是天下之口相似也。人口之所耆者相似。故皆以易牙爲知味。言口之同也。耆音嗜。下同惟耳亦然。至於聲。天下期於師曠。是天下之耳相似也。耳亦猶口也。天下皆以師曠爲知聲之微妙也惟目亦然。至於子都。天下莫不知其姣也。不知子都之姣者。無目者也。目亦猶耳也。子都。古之姣好者也。詩云。不見子都。乃見狂且。儻無目者。乃不知子都好耳。言目之同也。姣古卯反

故曰。口之於味也。有同耆焉。耳之於聲也。有同聽焉。目之於色也。有同美焉。至於心。獨無所同然乎。言人之心性皆同也心之所同然者何也。謂理也義也。聖人先得我心之所同然耳。故理義之悅我心。猶芻豢之悅我口。心所同耆者義理也。理者得道之理。聖人先得理義之要耳。理義之悅心。如芻豢之悅口。誰不同也。草牲曰芻。穀養

曰彝。章指言人稟性俱有好憎。耳目口心。所悅者同。或爲君子。或爲小人。猶麰麥不齊。雨露使然也。孟子言是。所以勗而進之

孟子曰。牛山之木嘗美矣。以其郊於大國也。斧斤伐之。可以爲美乎。是其日夜之所息。雨露之所潤。非無萌蘖之生焉。牛羊又從而牧之。是以若彼濯濯也。人見其濯濯也。以爲未嘗有材焉。此豈山之性也哉

牛山。齊之東南山也。邑外謂之郊。息。長也。濯濯。無草木之貌。牛山木嘗盛美。以在國郊。斧斤牛羊。使之不得有草木耳。非山之性無草木也。○蘖五割反

雖存乎人

者。豈無仁義之心哉。其所以放其良心者。亦猶斧斤之於木也。旦旦而伐之。可以爲美乎。其日夜之所息。平旦之氣。其好惡與人相近也者幾希。存。在也。言雖在人之性。亦猶山之有草木。人豈無仁義之心邪。其日夜之思欲息長仁義。平旦之志氣。其好惡。凡人皆有與賢人相近之心。幾。豈也。豈希。言不遠也。好惡上呼報反。下烏路反則其旦晝之所爲。有梏亡之矣。梏之反覆。則其夜氣不足以存。夜氣不足以存。則其違禽獸不遠矣。人見其禽獸也。

而以爲未甞有才焉者。是豈人之情也哉。旦晝。晝日也。其所爲萬事。有梏亂之。使亡失其日夜之所息也。梏之反覆。利害干其心。其夜氣不能復存也。人見惡人禽獸之行。以爲未甞有善才性。此非人之情也。○梏古沃反

故苟得其養。無物不長。苟失其養。無物不消。孔子曰。操則存。舍則亡。出入無時。莫知其鄉。惟心之謂與。誠得其養。若雨露於草木。法度於仁義。何有不長也。誠失其養。若斧斤牛羊之消草木。利欲之消仁義。何有不盡也。孔子曰。持之則在。縱之則亡。莫知其鄉。鄉猶里。以喻居也。獨心爲若是也。章指言秉心持正。使邪不干。猶止斧斤不伐牛山。山則木

茂。人則稱仁也。○舍上聲

孟子曰：無或乎王之不智也。王。齊

王也。或怪也。時人有怪王不智。而孟子不輔之故言此也。

雖有天下易生之物也，一日暴之，十日寒之，未有能生者也。吾見亦罕矣，吾退而寒之者至矣，吾如有萌焉何哉！種易生之草木五穀。一日暴溫之。十日陰寒以殺之。物何能生。我亦希見於王。既見而退。寒之者至。謂左右佞諂順意者多。譬諸萬物。何由得有萌芽生也。○易以豉反暴音僕見文公音現

今夫弈之爲數，小數也；不專心致志，則不得也。弈博也。或曰圍棊。論語曰不有博弈者乎。數技也。雖小技。

不專心則不得也

弈秋，通國之善弈者也。使弈秋誨二人弈，其一人專心致志，惟弈秋之爲聽。一人雖聽之，一心以爲有鴻鵠將至，思援弓繳而射之。雖與之俱學，弗若之矣。爲是其智弗若與？曰：非然也。

有人名秋，通一國皆謂之善弈，曰弈秋。使教二人弈，其一人惟秋所善而聽之，其一人念欲射鴻鵠，故不如也。爲是謂其智不如也？曰：非也，以不致志也。故齊王之不智亦若是。章指言：弈爲小數，不精不能，一人善之，十人惡之，雖竭其道，何由智哉？詩云：濟濟多士，文王以寧。此之謂也。○繳音灼。射音石。爲是，于僞反。

孟子

曰魚我所欲也熊掌亦我所欲也二者不可得兼舍魚而取熊掌者也生亦我所欲也義亦我所欲也二者不可得兼舍生而取義者也熊掌熊蹯也以喻義魚以喻生也○舍上聲生亦我所欲所欲有甚於生者故不爲苟得也死亦我所惡所惡有甚於死者故患有所不辟也如使人之所欲莫甚於生則凡可以得生者何不用也使人之所惡莫甚於死者則凡可以辟患者

何不爲也有甚於生者。謂義也。義者不可苟得。有甚於死者。謂無義也。不苟辟患也。莫甚於生。則苟利而求生矣。莫甚於死。則可辟患。不擇善。何不爲耳。○惡去聲。下竝同。辟音避由是則生而有不用也。由是則可以辟患而有不爲也。是故所欲有甚於生者。所惡有甚於死者。非獨賢者有是心也。人皆有之。賢者能勿喪耳有不用。不用苟生也。有不爲。不爲苟惡而辟患也。有甚於生。義甚於生也。有甚於死。惡甚於死也。凡人皆有是心。賢者能勿喪亡之也一簞食。一豆羹。得之則生。弗得則死。嘑爾而與之。

行道之人弗受；蹴爾而與之，乞人不屑也。人之餓者，得此一器食可以生，不得則死。嘑爾，猶呼爾，咄啐之貌也。行道之人，道中凡人，以其賤己，故不肯受也。蹴，蹋也，以足踐蹋與之，乞人不絜之，亦由其小，故輕而不受也。○嘑，呼故反。蹴，音蹵。咄，都忽反。啐，音倅。萬鍾則不辯禮義而受之，萬鍾於我何加焉？爲宮室之美、妻妾之奉、所識窮乏者得我與？言一簞食則貴禮，至於萬鍾則不復辯別有禮義與不。鍾，量器也。萬鍾於己身何加益哉？己身不能獨食萬鍾也。豈不爲廣美宮室，供奉妻妾，施與所知之人窮乏者。○爲，去聲，下竝同。與，平聲，又如字。鄉爲身死而不受今爲宮室之美爲之。鄉爲身死而不受。今爲妻妾之奉爲之。鄉爲身死而不受。今爲所識窮乏者得我而爲之。是亦不可以已乎。此之謂失其本心。鄉者不得簞食而食則身死。尚不受也。今爲此三者爲之。是不亦可以止乎。所謂失其本心也。章指言舍生取義。義之大者也。簞食萬鍾。用有輕重。縱彼納此。蓋違其本。凡人皆然。君子則否。所以殊也。○鄉去聲。爲之。如字

孟子曰。仁人心也。義人路也。舍其路而弗由。放其心而不知求。哀哉。不行仁義者不由路。不求心者也。可哀憫哉。人有雞

犬放，則知求之；有放心而不知求。學問之道無他，求其放心而已矣。人知求雞狗。莫知求其心者。惑也。學問所以求之。章指言由路求心。爲得其本。追逐雞狗。務其末也。學以求之。詳矣

孟子曰：今有無名之指屈而不信，非疾痛害事也，如有能信之者，則不遠秦楚之路，爲指之不若人也。無名之指。手之第四指也。蓋以其餘指皆有名。無名指者。非手之用指也。雖不疾痛妨害於事。猶欲信之。不遠秦楚。爲指不若人故也。○信音伸。爲去聲

指不若人則知惡之；心不若人，則不知惡。此之謂不

知類也。心不若人。可惡之大者也。而反惡指。故曰不知其類也。類事也。章指言舍大惡小。不知其要。憂指忘心。不鄉於道。是以君子惡之也。

孟子曰。拱把之桐梓。人苟欲生之。皆知所以養之者。至於身。而不知所以養之者。豈愛身不若桐梓哉。弗思甚也。拱合兩手也。把以一手把之也。桐梓皆木名也。人皆知灌溉而養之。至於養身之道。當以仁義而不知用。豈於身不若桐梓哉。不思之甚也。章指言莫知養身。而養樹木。失事違務。不得所急。所以誡未達者也。

孟子曰。人之於身也。兼所愛。兼所愛。則兼所養也。無尺寸之膚不愛焉則無尺寸之膚不養也人之所愛則養之於身也。一尺一寸之膚。養相及也所以考其善不善者豈有他哉於己取之而已矣考知其善否。皆在己之所養也體有貴賤有小大無以小害大無以賤害貴養其小者爲小人養其大者爲大人養小則害大。養賤則害貴。小。口腹也。大。心志也。頭頸。貴者也。指拇。賤者也。不可舍貴養賤也。務口腹者爲小人。治心志者爲大人

今有場師舍其梧檟養其樲棘則爲賤場師焉場師。治場圃者。場以治穀。圃。園也。梧。桐。檟。梓。皆木名。樲棘。小棘。所謂酸棗也。言此以

榆人舍大養小。故曰賤場師也。○檟音賈。樲音貳。養其一指而失其肩背而不知也則爲狼疾人也謂醫養人疾。治其一指。而不知其肩背之有疾。以至於害之。此爲狼籍亂。不知治疾之人也。飲食之人則人賤之矣爲其養小以失大也飲食之人無有失也則口腹豈適爲尺寸之膚哉飲食之人。人所以賤之者。爲其養口腹而失道德耳。如使不失道德。存仁義以往。不嫌於養口腹也。故曰口腹豈但爲肥長尺寸之膚邪。亦爲懷道者也。章指言養其行。治其正。俱用智力。善惡相厲。是以君子居處思義。飲食思禮也。○爲其。去聲。公都子問曰鈞是人也，或爲大人，或爲小人，何也？鈞，同也。言有大有小，何也？

孟子曰：「從其大體爲大人，從其小體爲小人。」大體，心思禮義。小體，縱恣情慾。

曰：「鈞是人也，或從其大體，或從其小體，何也？」公都子言人何獨有從小體也。

曰：「耳目之官不思而蔽於物，物交物則引之而已矣。心之官則思，思則得之，不思則不得也。此天之所與我者，先立乎其大者，則其小者弗能奪也。此爲大人而已矣。」孟子曰：人有耳目之官，不思，故爲物所蔽。官，精神所在也。謂人有五官六府。物。事也。利欲之事來交。引其精神。心官不思善。故失其道而陷爲小人也。此乃天所與人情性。先立乎其大者。謂生而有善性也。小者。情欲也。善勝惡則惡不能奪。章指言天與人性。先立其大。心官思之。邪不乖越。故謂之大人也。

孟子曰有天爵者有人爵者。仁義忠信樂善不倦。此天爵也。公卿大夫此人爵也天爵以德。人爵以禄。○樂音洛。下同。古之人脩其天爵而人爵從之。今之人脩其天爵以要人爵。既得人爵而棄其天爵。則惑之甚者也人爵從之。人爵自至也。以要人爵。要。求也。得人爵棄天爵。

惑之甚也。〔要〕音邀，下同。終亦必亡而已矣。棄善忘德，終必亡之。章指言古脩天爵，自樂之也。今要人爵，以誘時也。得人棄天，道之忌也。惑以招亡，小人事也。

孟子曰：「欲貴者，人之同心也。人人有貴於己者，弗思耳。人之所貴者，非良貴也。趙孟之所貴，趙孟能賤之。人皆同欲貴之心。人人自有貴者在己身，不思之耳。在己者，謂仁義廣譽也。凡人之所貴富貴，故曰非良貴者。趙孟，晉卿之貴者也。能貴人，又能賤人。人之所自有者，他人不能賤之也。詩云：『既醉以酒，既飽以德。』言飽乎仁義也，所以不願人之膏粱之味也。

令聞廣譽施於身。所以不願人之文繡也。詩大雅既醉之篇。言飽德者。飽仁義之於身。身之貴者也。不願人膏粱矣。膏粱。細粱如膏者也。文繡。繡衣服也。章指言所貴在身。人不知求。膏粱文繡。己之所優。趙孟所貴。何能比之。是以君子貧而樂也。聞音問

孟子曰。仁之勝不仁也。猶水勝火。今之爲仁者。猶以一杯水救一車薪之火也。不熄。則謂之水不勝火。此又與於不仁之甚者也。亦終必亡而已矣。水勝火。取水足以制火。一杯水。何勝一車薪之火也。以此謂水不勝火。爲仁者亦若是。則與作不仁之甚者也。亡猶無也。

亦終必無仁矣。章指言爲仁不至。不反諸己。謂水勝火。熄而後已。不仁之甚。終必亡矣。爲道不卒。無益於賢也。○(熄)音息

孟子曰。五穀者種之美者也。苟爲不熟。不如荑稗。夫仁亦在乎熟之而已矣。熟。成也。五穀雖美。種之不成。不如荑稗之草。其實可食。爲仁不成。猶是也。章指言功毁幾成。人在慎終。五穀不熟。荑稗是勝。是以爲仁。必其成也。○(荑)音蹄 (稗)蒲賣反

孟子曰。羿之教人射。必志於彀。學者亦必志於彀。羿。古之工射者。彀。張也。張弩向的者。用思要專也。學者志道。猶射者之張也。○(彀)古候反 (思)息二反

大匠誨人。必以規矩。學者亦必以規

矩大匠。攻木之工。規所以爲圜也。矩。所以爲方也。誨。教也。教人必須規矩。學者以仁義爲法式。亦猶大匠以規矩者也。章指言事各有本。道有所隆。彀張規矩。以喻爲仁。學不爲仁。猶是二教失其法而行之也

孟子卷第十一

盱郡重刊
廖氏善本

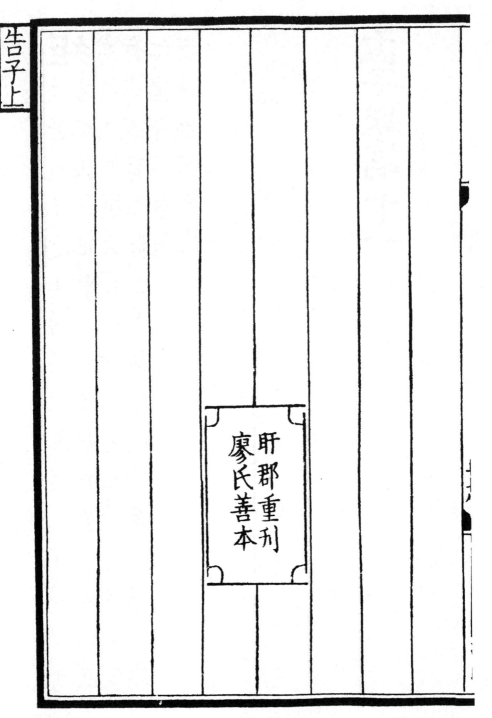

孟子卷第十二

告子章句下

任人有問屋廬子曰禮與食孰重任國之人問孟子弟子屋廬連問二者何者爲重○任音壬曰禮重荅曰禮重色與禮孰重曰禮重重如上也曰以禮食則飢而死不以禮食則得食必以禮乎親迎則不得妻不親迎則得妻必親迎乎任人難屋廬子云若是則必待禮乎○迎魚慶反難乃旦反屋廬子不能對明日之鄒以告孟子孟

子曰。於。荅是也何有於。音烏。歎辭也。何有爲不可荅也。○於音烏。文公如字。不揣其本而齊其末。方寸之木可使高於岑樓。金重於羽者。豈謂一鉤金與一輿羽之謂哉。取食之重者與禮之輕者而比之。奚翅食重。取色之重者與禮之輕者而比之。奚翅色重孟子言夫物當揣量其本。以齊等其末。知其大小輕重。乃可言也。不節其數。累積方寸之木。可使高於岑樓。岑樓。山之銳嶺者。寧可謂寸木高於山邪。金重於羽。謂多少同而金重耳。一帶鉤之金。豈重一車羽邪。如取食色之重者。比禮之輕者。何翅食色重哉。翅，辭也。若言何其不重也。○揣，初委反。翅與啻同，施智反。

往應之曰：紾兄之臂而奪之食則得食，不紾則不得食，則將紾之乎？踰東家牆而摟其處子則得妻，不摟則不得妻，則將摟之乎？

敎屋廬子往應任人如是。紾，戾也。摟，牽也。處子，處女也。則是禮重、食色輕者也。章指言：臨事量宜，權其輕重，以禮爲先，食色爲後。若有偏殊，從其大者。屋廬子未達，故譬摟紾也。○紾音軫，又徒展反。摟音婁，後同。

曹交問曰：人皆可以爲堯舜，有諸？孟子曰：然。

曹交，曹君之弟。交，名也。答曰然者，言人皆有仁義之心，堯舜行仁義而已。

交聞文王

十尺湯九尺今交九尺四寸以長食粟而已如何則可交聞文王與湯皆長而聖今交亦長獨但食粟而已當如何○長如字曰奚有於是亦爲之而已矣有人於此力不能勝一匹雛則爲無力人矣今曰舉百鈞則爲有力人矣然則舉烏獲之任是亦爲烏獲而已矣夫人豈以不勝爲患哉弗爲耳孟子曰何有於是言乎仁義之道亦當爲之乃爲賢耳人言我力不能勝一小雛則謂之無力之人言我能舉百鈞百鈞三十斤也則謂之有力之人矣烏獲古之有力人也能移舉千

鈞。人能舉其所任。是爲烏獲才也。夫一匹雛不舉。豈患不能勝哉。但不爲之耳○勝文公平聲匹如字雛士于反

徐行後長者謂之弟。疾行先長者謂之不弟。夫徐行者。豈人所不能哉。所不爲也

長者。老者也。弟。順也。人誰不能徐行者。患不肯爲也○後文公去聲長張丈反下皆同先文公去聲

堯舜之道。孝弟而已矣。子服堯之服。誦堯之言。行堯之行。是堯而已矣。子服桀之服。誦桀之言。行桀之行。是桀而已矣

孝弟而已。人所能也。堯服。衣服不踰禮也。堯言。仁義之言。堯行。孝弟之行。桀服。譎詭非常之服。桀言。

不行仁義之言。桀行。淫虐之行也。爲堯似堯。爲桀似桀。○行下孟反。下同曰。交得見於鄒君。可以假館。願留而受業於門交欲學於孟子。願因鄒君假館舍。備門徒也。○見音現曰。夫道若大路然。豈難知哉。人病不求耳。子歸而求之。有餘師孟子言堯舜之道。較然若大路。豈有難知。人苦不肯求耳。子歸曹而求行其道。有餘師。師不少也。不必留此學也。章指言天下大道。人跂由之。病於不爲。不患不能。是以曹交請學。孟子辭焉。蓋詩三百。一言以蔽之。○較音角

公孫丑問曰。高子曰。小弁。小人之詩也。孟子曰。何以言之。曰。怨高子

齊人也。小弁。小雅之篇。伯奇之詩也。怨者怨親之過。故謂之小人。○弁音盤。下同曰。固哉高叟之爲詩也。有人於此。越人關弓而射之。則己談笑而道之。無他。疏之也。其兄關弓而射之。則己垂涕泣而道之。無他。戚之也。小弁之怨。親親也。親親。仁也。固矣夫。高叟之爲詩也。固。陋也。高。高子年長。孟子曰。陋哉高父之爲詩也。疏。越人。故談笑。戚。親也。親其兄。故號泣而道之。怪怨之意也。伯奇仁人而父虐之。故作小弁之詩曰。何辜于天。親親而悲怨之辭也。重言固陋。傷高叟不達詩人之意甚也。○爲詩。猶解說也。關音彎。射食亦

反

曰。凱風何以不怨詩邶風凱風之篇也。公孫丑曰。凱風亦孝子之詩。何以獨不怨。邶音佩曰。凱風。親之過小者也。小弁。親之過大者也。親之過大而不怨。是愈疏也。親之過小而怨。是不可磯也。愈疏。不孝也。不可磯。亦不孝也。孔子曰。舜其至孝矣。五十而慕孟子曰。凱風言莫慰母心。母心不悅也。知親之過小也。小弁曰。行有死人。尚或墐之。而曾不閔己。知親之過大也。愈。益也。過已大矣。而孝子不怨。思其親之意。何爲如是。是益疏之道也。故曰不孝。磯。激也。過小耳。而孝子感激輒怨其親。是亦不孝也。孔子以舜年五十而思慕其親不殆。稱曰孝之至矣。孝之不可以已也。知高叟譏小弁爲不得矣。章指言生之膝下。一體而分。喘息呼吸。氣通於親。當親而疏。怨慕號天。是以小弁之怨。未足爲愆也。○磯音機

宋牼將之楚。孟子遇於石丘。曰先生將何之。宋牼。宋人。名牼。學士年長者。故謂之先生。石丘。地名也。道遇。問欲何之。○牼口莖反

曰吾聞秦楚構兵。我將見楚王說而罷之。楚王不悅。我將見秦王說而罷之。二王我將有所遇焉。牼自謂往說二王。必有所遇。得從其志。○說音稅。下皆同

曰軻也請無問其詳。願聞其指。說之將何如。孟子敬宋

牼自稱其名問願聞其指欲如何說之曰軻不敢詳曰我將言其不利也牼曰我將爲二王言興兵之不利也○爲去聲下以意推曰先生之志則大矣先生之號則不可先生以利說秦楚之王秦楚之王悅於利以罷三軍之師是三軍之士樂罷而悅於利也爲人臣者懷利以事其君爲人子者懷利以事其父爲人弟者懷利以事其兄是君臣父子兄弟終去仁義懷利以相接然而不亡者未之有也孟子曰先生志

誠大矣。所稱名號。不可用也。二王悅利罷三軍。三軍士樂之而悅利。則舉國尚利以相接待。而忘仁義。則其國亡矣。○樂音洛。下皆同

先生以仁義說秦楚之王。秦楚之王悅於仁義。而罷三軍之師。是三軍之士樂罷而悅於仁義也。爲人臣者懷仁義以事其君。爲人子者懷仁義以事其父。爲人弟者懷仁義以事其兄。是君臣父子兄弟去利。懷仁義以相接也。然而不王者。未之有也。何必曰利。

以仁義之道。不忍興兵。三軍之士悅。國人化之。咸以仁義

相接可以致王何必以利爲名也章指言上之所欲下以爲俗俗化於善久而致平俗化於惡久而致傾是以君子創業愼其所以爲名也 ○ 王文公去聲

孟子居鄒季任爲任處守以幣交受之而不報處於平陸儲子爲相以幣交受之而不報任薛之同姓小國也季任任君季弟也任君朝會於鄰國季任爲之居守其國也致幣帛之禮以交孟子受之而未報也平陸齊下邑也儲子齊相也亦致禮以交孟子而未荅也 ○ 任平聲下同處音杵朝音潮

他日由鄒之任見季子由平陸之齊不見儲子屋廬子喜曰連得閒矣問曰夫子之

任見季子。之齊不見儲子。爲其爲相與連。屋廬子名也。見孟子荅此二人有異。故喜曰。連今日乃得一見夫子與之間隙也。俱荅二人。獨見季子。不見儲子者。以季子當君國子民之處。儲子爲相。故輕之邪。○閒音閑相息亮反曰非也。書曰。享多儀。儀不及物曰不享。惟不役志于享。爲其不成享也孟子曰。非也。非以儲子爲相。故不見。尚書洛誥篇曰。享多儀。言享見之禮多儀法也。物。事也。儀不及事。謂有闕也。故曰不成享禮。儲子本禮不足。故我不見也屋廬子悅。或問之。屋廬子曰。季子不得之鄒。儲子得之平陸屋廬子已曉其意。聞義而服。故悅也。人問之曰。何爲若是。屋廬子曰。季子守國。不得越境至鄒。不身造孟子可也。儲子爲相。得循行國中。但遥交禮。爲其不尊賢故荅而不見。章指言君子交接。動不違禮。享見之儀。亢荅不差。是以孟子或見或否。各以其宜也。

淳于髡曰先名實者爲人也。後名實者自爲也。夫子在三卿之中。名實未加於上下而去之。仁者固如此乎

淳于。姓。髡。名也。齊之辯士。名者。有道德之名。實者。治國惠民之功實也。齊大國有三卿。謂孟子嘗處此三卿之中矣。未聞名實下濟於民。上匡其君。而速去之。仁者之道。固當然邪。髡音坤。先後爲文公竝去聲

孟子曰居下位。不以賢事不

肖者。伯夷也。五就湯。五就桀者。伊尹也。不惡汙君。不辭小官者。柳下惠也。三子者。不同道。其趨一也。伊尹爲湯見貢於桀。桀不用而歸湯。湯復貢之。如此者五。思濟民。冀得施行其道也。此三人雖異道。所履者一也。○惡烏路反。汙烏路反。趨讀與趣同。文公去聲。一者何也。皃問一者何也。曰。仁也。君子亦仁而已矣。何必同。孟子言君子進退行止。未必同也。趨於履仁而已。皃譏其速去。故引三子以喻意也。曰。魯繆公之時。公儀子爲政。子柳子思爲臣。魯之削也滋甚。若是乎賢者之無益於國也髡曰魯繆公時公儀休爲執政之卿子柳泄柳也子思孔伋也二人爲師傅之臣不能救魯之見削奪亡其土地者多若是賢者無所益於國家者何用賢爲〇繆音穆曰虞不用百里奚而亡秦繆公用之而霸不用賢則亡削何可得與孟子云百里奚所去國亡所在國霸無賢國亡何但得削豈可不用賢也曰昔者王豹處於淇而河西善謳綿駒處於高唐而齊右善歌華周杞梁之妻善哭其夫而變國俗有諸內必形諸外爲其事而無其功者髡未嘗覩之也是故

無賢者也。有則髡必識之王豹。衛之善謳者淇水名。衛詩竹竿之篇曰。泉源在左。淇水在右。碩人之篇曰。河水洋洋。北流活活。衛地濵於淇水。在北流河之西。故曰處淇水。而河西善謳。所謂鄭衛之聲也。緜駒。善歌者也。髙唐。齊西邑。緜駒處之。故曰齊右善歌。華周。華旋也。杞梁。杞殖也。二人齊大夫。死於戎事者。其妻哭之哀。城爲之崩。國俗化之。則效其哭。髡曰。如是歌哭者。尚能變俗。有中則見外。爲之而無功者。髡不聞也。有功乃爲賢者。不見其功。故謂之無賢者也。如有之。則髡必識知之。○華胡化反

曰。孔子爲魯司寇。不用。從而祭。燔肉不至。不稅冕而行。不知者以爲爲肉也。其知者以爲爲

無禮也。乃孔子則欲以微罪行。不欲爲苟去。君子之所爲。衆人固不識也。孟子言孔子爲魯賢臣。不用。不能用其道也。從魯君而祭於宗廟。當賜大夫以胙。燔肉不至。膰炙者爲燔。詩云。燔炙芬芬。反歸其舍。未及稅解祭之冕而行。出適他國。不知者。以爲不得燔肉而慍也。知者。以爲爲君無禮。乃欲以微罪行。燔肉不至。我黨從祭之禮不備。有微罪乎。乃聖人之妙旨。不欲爲誠欲急去也。衆人固不能知君子之所爲。謂髡不能知賢者之志也。章指言見幾而作。不俟終日。孔子將行。冕不及稅。庸人不識。課以功實。淳于雖辯。終亦屈服。正者勝也。○稅音脫。爲肉。于僞反。下爲無同。膰普各反

孟子曰。五霸者。三王之罪

人也五霸者。大國秉直道以率諸侯。齊桓。晉文。秦繆。宋襄。楚莊。是也。三王。夏禹。殷湯。周文王。是也。○先儒說五霸不同。有以夏伯昆吾。商伯大彭。豕韋。周伯齊桓。晉文。為五霸今之諸侯。五霸之罪人也。今之大夫。今之諸侯之罪人也謂當孟子之時諸侯及大夫也。諸侯臣摠謂之大夫。罪人之事。下別言之天子適諸侯曰巡狩。諸侯朝於天子曰述職。春省耕而補不足。秋省斂而助不給。入其疆。土地辟。田野治。養老尊賢。俊傑在位。則有慶。慶以地。入其疆。土地荒蕪。遺老失賢。掊克在位則有讓。一不朝則貶其爵。再不朝則削其地。三不朝則六師移之。是故天子討而不伐。諸侯伐而不討。五霸者摟諸侯以伐諸侯者也。故曰五霸者三王之罪人也。巡狩述職。皆以助人民。慶賞也。養老尊賢。能者在位。賞之以地。益其地也。掊克不良之人在位。則責讓之。不朝至三。討之以六師移之。就之也。討者上討下也。伐者敵國相征伐也。五霸強摟牽諸侯以伐諸侯。不以王命也。於三王之法。乃罪人也。○辟音闢。下辟土同。治文公平聲。掊薄侯反

五霸桓公為盛。葵丘之會諸侯束牲載書。

而不歃血初命曰誅不孝無易樹子無以妾爲妻再命曰尊賢育才以彰有德三命曰敬老慈幼無忘賓旅四命曰士無世官官事無攝取士必得無專殺大夫五命曰無曲防無遏糴無有封而不告曰凡我同盟之人既盟之後言歸于好今之諸侯皆犯此五禁故曰今之諸侯五霸之罪人也齊桓公五霸之盛者也與諸侯會于葵丘束縛其牲但加載書不復歃血言畏桓公不敢負也不得專誅不孝樹立也已立世

子。不得擅易也。不得立愛妾爲嫡也。尊賢養才。所以彰明有德之人。敬老愛小。恤矜孤寡。賓客羈旅。勿忘忽也。仕爲大臣。不得世官。賢臣乃得世祿也。官事無攝。無曠庶僚也。取士必得賢。立之無方也。無專殺大夫。不得以私怒行誅戮也。無敢違王法。而以己曲意設防禁也。無遏止穀糴。不通鄰國也。無以私恩擅有所封賞。而不告盟主也。言歸于好。無構怨也。桓公施此五命。而今諸侯皆犯之。故曰長罪人也。○歃所洽反 糴音狄 好呼報反

長君之惡其罪小。逢君之惡其罪大。今之大夫。皆逢君之惡。故曰今之大夫今之諸侯之罪人也。君有惡命。臣長大而宣之。其罪枉不能距逆君命。故曰小也。逢。迎也。君之惡心

未發。臣以諂媚逢迎。而導君爲非。故曰罪大令諸侯之大夫。皆逢君之惡。故曰罪人也。章指言王道寖衰。轉爲罪人。孟子傷之。是以博思古法匡時君也。○長張丈反。又如字

魯欲使慎子爲將軍。孟子曰。不教民而用之謂之殃民。殃民者。不容於堯舜之世。一戰勝齊。遂有南陽。然且不可。慎子善用兵者。不教民以仁義。而用之戰鬬。是使民有殃禍也。堯舜之世。皆行仁義。故好戰殃民者。不能自容也。就使慎子能爲魯一戰取齊南陽之地。且猶不可。山南曰陽。岱山之南。謂之南陽也。

慎子勃然不悅曰。此則滑釐所不識也。滑釐。慎子名。不悅。故曰我所不知此

言何謂也○滑音骨釐力之反曰吾明告子天子之地方千里不千里不足以待諸侯諸侯之地方百里不百里不足以守宗廟之典籍周公之封於魯爲方百里也地非不足而儉於百里太公之封於齊也亦爲方百里也地非不足也而儉於百里今魯方百里者五子以爲有王者作則魯在所損乎在所益乎徒取諸彼以與此然且仁者不爲況於殺人以求之乎孟子見慎

子不悅。故曰明告子。天子諸侯。地制如是。諸侯當來朝聘。故言守宗廟典籍。謂先祖常籍法度之文也。周公。大公。地尚不能滿百里。儉而不足也。後世兼侵小國。今魯乃五百里矣。有王者作。若文王武王者。子以爲魯在所損之中耶。在所益之中也。言其必見損也。但取彼與此爲無傷害。仁者尚不肯爲。況戰鬬殺人以求廣土地乎

君子之事君也。務引其君以當道。志於仁而已

言君子事君之法。牽引其君以當正道者。仁也。志仁而已。欲使慎子輔君以仁。章指言招攜懷遠。貴以德禮。旣其用兵。廟勝爲上。戰勝爲下。明賤戰也

孟子曰。今之事君者曰。我能爲君辟土地。充府庫。今之所謂良臣。古

之所謂民賊也辟土地。侵鄰國也。充府庫。重賦斂也。今之所謂良臣者。於古之法爲民賊。傷民故謂之賊也。○爲去聲。下同君不鄉道不志於仁。而求富之是富桀也。爲惡君聚斂以富之。爲富桀也。謂若夏桀也。○鄉音向。下同我能爲君約與國戰必克今之所謂良臣古之所謂民賊也連諸侯以戰。求必勝也君不鄉道不志於仁而求爲之强戰是輔桀也說與上同由今之道無變今之俗雖與之天下不能一朝居也今之道非善道。今之世世俗漸惡久矣。若不變更。雖得天下之政而治

之。不能自安一朝之間居其位也。章指言善爲國者。必藏於民。賊民以往。其餘何觀。變俗移風。非樂不化。以亂濟民。不知其善也

白圭曰。吾欲二十而取一。何如白圭。周人也。節以貨殖。欲省賦利民。使二十而稅一孟子曰。子之道貉道也。萬室之國。一人陶則可乎貉。夷貉之人。在荒服者也。貉之稅。二十而取一。萬家之國。使一人陶瓦器則可乎。以此喻白圭所言也。○貉音陌。下同曰。不可。器不足用也白圭曰。一人陶。則瓦器不足以供萬室之用也曰。夫貉五穀不生。惟黍生之。無城郭宮室宗廟祭祀之禮。無諸侯幣帛饔飧。無

百官有司，故二十取一而足也。貉在北方，其氣寒，不生五穀。黍早熟，故獨生之也。無中國之禮，如此之用，故可二十取一而足也。○飧音孫。今居中國，去人倫，無君子，如之何其可也？陶以寡且不可以爲國，況無君子乎？欲輕之於堯舜之道者，大貉小貉也；欲重之於堯舜之道者，大桀小桀也。今之居中國，當行禮義，而欲效夷貉，無人倫之敘，無君子之道，豈可哉？陶器者少，尚不可以爲國，況無君子之道乎？堯舜以來，什一而稅，足以行禮，故以此爲道。今欲輕之，二十稅一者，夷貉爲大貉，子爲小貉也。欲重之，過什一，則夏桀爲大桀。子爲小桀也。章指言先王典禮。萬世可遵。什一供貢。下富上尊。裔土簡惰。二十而稅。夷狄有君。不足爲貴。圭欲法之。孟子斥之以王制也。

白圭曰：丹之治水也愈於禹。丹。名。圭。字也。當諸侯時。有小水。白圭爲治除之。因自謂過禹也。

孟子曰：子過矣。禹之治水。水之道也。是故禹以四海爲壑。今吾子以鄰國爲壑。水逆行。謂之洚水。洚水者。洪水也。仁人之所惡也。吾子過矣。子之所言過矣。禹除中國之害。以四海爲溝壑。以受其害水。故後世賴之。今子除水。近注之鄰國。觸於洚水之名。仁人惡爲之。自以爲愈於禹。子亦過甚矣。章指言君子除害。

昔爲人也。白圭壑鄰。亦以狹矣。是故賢者志其大者遠者也。惡烏路反孟子曰。君子不亮惡乎執亮。信也。易曰。君子履信思順。若爲君子之道。舍信將安執之。章指言論語曰。自古皆有死。民無信不立。重信之至也。惡音烏魯欲使樂正子爲政樂正子克也。魯君欲使之執政於國孟子曰。吾聞之。喜而不寐喜其人道德得行。爲之喜而不寐公孫丑曰。樂正子強乎。曰。否。有知慮乎。曰。否。多聞識乎。曰。否丑問樂正子有此三問之所能乎。孟子皆曰否。不能有此也。知音智然則奚爲喜而不寐丑問無此三者。何爲喜而不寐曰。其爲人也好善孟子言樂正子之爲人也能好善故爲之喜好善足乎丑問人但好善足以治國乎曰好善優於天下而況魯國乎夫苟好善則四海之內皆將輕千里而來告之以善夫苟不好善則人將曰訑訑予既已知之矣訑訑之聲音顏色距人於千里之外孟子曰好善樂聞善言是采用之也以此治天下可以優之虞舜是也何況於魯不能治乎人誠好善四海之士皆輕行千里以善來告之誠不好善則其人將曰訑訑賤他人之言訑訑者自足其智不嗜善言之貌訑訑之人發聲音見顏色人皆知其不欲受善言也道術

之士聞之。止於千里之外而不來也。訑吐禾反。蓋言辭不正。欺罔於人。自誇大之貌。又音他。又說文音怡。文公音移

士止於千里之外。則讒諂面諛之人至矣。與讒諂面諛之人居。國欲治。可得乎。

懷善言之士。止於千里之外。不肯就之。則邪惡順意之人至矣。與邪惡居。欲使國治。豈可得乎。章指言好善從人。聖人一槩。禹聞讜言。荅之而拜。訑訑吐之。善人亦逝。善去惡來。道若合符。詩曰。雨雪瀌瀌。見晛聿消。此之謂也

陳子曰。古之君子何如則仕。

陳臻問古之君子。得何禮可以仕也

孟子曰。所就三。所去三。迎之致敬以有禮。言將行其言也。

則就之。禮貌未衰。言弗行也。則去之。其次雖未行其言也。迎之致敬以有禮。則就之。禮貌衰。則去之。其下。朝不食。夕不食。飢餓不能出門戶。君聞之。曰。吾大者不能行其道。又不能從其言也。使飢餓於我土地。吾恥之。周之。亦可受也。免死而已矣。所去就。謂下事也。禮者。接之以禮也。貌者。顏色和順有樂賢之容。禮衰。不敬也。貌衰。不悅也。其下者。困而不能與之祿則當去。矜其困而周之。苟免死而已。此三就三去之道。窮餓而去不疑也。故不言去。免死而留。爲死故也。權時之宜。嫌其疑也。故載之也。章指言士雖正道。亦有量宜。聽言爲上。禮貌次之。困而免死。斯爲下矣。備此三科。亦無疑也。

孟子曰。舜發於畎畝之中。傅說舉於版築之閒。膠鬲舉於魚鹽之中。管夷吾舉於士。孫叔敖舉於海。百里奚舉於市。故天將降大任於是人也。必先苦其心志。勞其筋骨。餓其體膚。空乏其身。行拂亂其所爲。所以動心忍性。曾益其所不能。舜耕歷山。三十徵庸。傅說築傅巖。武丁舉以爲相。膠鬲。殷之賢臣。遭紂之亂。隱遁爲商。文王於鬻販魚鹽之中得其人。舉之以爲臣也。士，獄官也。管仲自魯因執於士官。桓公舉以爲相國。孫叔敖隱處耕於海濱，楚莊王舉之以爲令尹。百里奚亡虞適秦，隱於都市。繆公舉之於市，而以爲相也。言天將降下大事以任聖賢，必先勤勞其身，餓其體而瘠其膚，使其身乏資絕糧，所行不從，拂戾而亂之者，所以動驚其心，堅忍其性，使不違仁。困而知勤，曾益其素所以不能行。○說音悅。鬲音隔。拂音佛。曾與增同。

人恒過，然後能改；困於心，衡於慮，而後作；徵於色，發於聲，而後喻。人常以有繆思過行不得福，然後乃更其所爲，以不能爲能也。困瘁於心，衡，横也。横塞其慮於胷臆之中，而後作爲奇計異策，憤激之說也。徵，驗。見於顏色，若屈原憔悴，漁父見而怪之，發於聲而

後喻。若甯戚商歌。桓公異之。○衡文公音與橫同

入則無法家拂士。出則無敵國外患者。國恒亡。然後知生於憂患而死於安樂也入。謂國內也。無法度大臣之家。輔拂之士。出。謂國外也。無敵國可難。無外患可憂。則凡庸之君。驕慢荒怠。國常以此亡也。故知能生於憂患死於安樂也。死。亡也。安樂怠惰使人亡其知能也。章指言聖賢困窮。天堅其志。次賢感激。乃奮其慮。凡人佚樂。以喪知能。賢愚之敘也。○拂音弼。知音智。又如字

孟子曰。教亦多術矣。予不屑之教誨也者。是亦教誨之而已矣教人之道多術。予。我也。屑。絜也。我不絜其人之行。故不教誨之。其人感此

退自脩學。而爲仁義。是亦我教誨之一道也

章指言學而見賤。恥之大者。激而厲之。能者以改。教誨之方。或折或引。同歸殊塗。成之而已

孟子卷第十二

盱郡重刊
廖氏善本

孟子卷第十三

盡心章句上

孟子曰。盡其心者。知其性也。知其性。則知天矣。性有仁義禮智之端。心以制之。惟心爲正。人能盡極其心。以思行善。則可謂知其性矣。知其性。則知天道之貴善者也存其心。養其性。所以事天也能存其心。養育其正性。可謂仁人。天道好生。仁人亦好生。天道無親。惟仁是與。行與天合。故曰所以事天○好呼報反。下所好。好善。好以。好利。好仁。皆同行下孟反。下之行。改行。行有。百行。皆同殀壽不貳。脩身以俟之。所以立命也貳。二也。仁人之行。一度而已。雖見前人。或殀或壽。終無二心。改易其道。殀若顔淵。壽若邵公。皆歸之命。脩正其身。以待天命。此所以立命之本也。章指言盡心竭性。足以承天。殀壽禍福。秉心不違。立命之道。惟是爲珍。○殀與夭同

孟子曰莫非命也順受其正莫。無也。人之終。無非命也。命有三名。行善得善。曰受命。行善得惡。曰遭命。行惡得惡。曰隨命。惟順受命。爲受其正也。○命有三名。出孝經援神契

是故知命者不立乎巖牆之下盡其道而死者。正命也知命者欲趨於正。故不立巖牆之下。恐壓覆也。盡脩身之道以壽終者。爲得正命也桎梏死者。非正命也畏。壓。溺。禮所不弔。故曰非正命也。章

指言人必趨命。貴受其正。巖牆之疑。孟子曰君子遠之。○遠于願反。下遠辱同

求則得之。舍則失之。是求有益於得也。求在我者也。謂脩仁行義。事在於我。我求則得。我舍則失。故求有益於得也。○舍音捨。下皆同

求之有道。得之有命。是求無益於得也。求在外者也。謂賢者脩其天爵而人爵從之。故曰求之有道也。脩天爵者。或得或否。故言得之有命也。爵祿須知己。知己者在外。非身所專。是以云求無益於得也。求在外也。章指言為仁由己。富貴在天。故孔子曰。如不可求。從吾所好。

孟子曰。萬物皆備於我矣。物。事也。我。身也。反身而誠。樂莫大焉。

普謂人爲成人已往。皆備知天下萬物常有
所行矣。誠者實也。反自思其身所施行。能皆
實而無虛。則樂莫大焉。○樂音洛。下皆同
強恕而行。求仁莫近焉。
當自強勉以忠恕之道。求仁之術。此最爲近。
章指言每必以誠。恕己而行。樂在其中。仁之至也。○強上聲
孟子曰。行之而不著焉。習矣而不察焉。終身由之而不知其道者。衆也。
人皆有仁義之心。日
自行之於其所愛。而不能著明其道以施於
大事。仁妻愛子。亦以習矣。而不能察知可推
以爲善也。由。用也。終身用之以爲自然。不究
其道可成君子。此衆庶之人也。章指言人有
仁端。達之爲道。凡夫用之。不知其爲寶也。
孟子曰。人不可以無恥

人不可以無所羞恥也。論語曰。行己有恥。

無恥之恥。無恥矣。

人能恥己之無所恥。是爲改行從善之人。終身無復有恥辱之累也。章指言。恥身無分。獨無所恥。斯以遠辱。不爲憂矣。

孟子曰。恥之於人大矣。爲機變之巧者。無所用恥焉。

恥者爲不正之道。正人之所恥爲也。今造機變穽陷之巧。以攻戰者。非古之正道也。取爲一切可勝敵也。宜無以錯於廉恥之心也。

不恥不若人。何若人有。

不恥不如古之聖人。何有如賢人之名也。章指言。不慕大人。何能有恥。是以隰朋愧不及黃帝。佐齊桓以有勳。顏淵慕虞舜。仲尼歎庶幾之云。

孟子曰。古之賢王。好善而忘勢。

樂善而自卑。若高宗得傳

誑而稟命。古之賢士何獨不然。樂其道而忘人之勢。何獨不然。何獨不有所樂有所忘也。樂道守志。若許由洗耳。可謂忘人之勢矣。故王公不致敬盡禮則不得亟見之。見且由不得亟。而況得而臣之乎。亟。數也。若伯夷非其君不事。伊尹樂堯舜之道。不致敬盡禮。可數見之乎。作者七人。隱各有方。豈可得而臣之。章指言王公尊賢。以貴下賤之義也。樂道忘勢。不以富貴動心之分也。各崇所尚。則義不虧矣。○亟去吏反。下同。數也。音朔。

孟子謂宋句踐曰。子好遊乎。吾語子遊。人知之亦囂囂。人不知亦囂囂。宋。姓也。句踐。名也。好

以道德遊。欲行其道者。囂囂。自得無欲之貌〇句古侯反語魚據反囂五高反。又許驕反

曰。何如斯可以囂囂矣。句踐問何執守可囂囂也曰。尊德樂義。則可以囂囂矣。尊。貴也。孟子曰。能貴德而履之。樂義而行之。則可以囂囂無欲矣故士窮不失義。達不離道。窮不失義。故士得己焉。達不離道。故民不失望焉。窮不失義。不爲不義而苟得。故得己之本性也。達不離道。思利民之道。故民不失其望也。〇離力智反古之人。得志澤加於民。不得志脩身見於世。窮則獨善其身。達則兼善天下。古之人。得志君

國。則德澤加於民人。不得志。謂賢者不遭遇也。見。立也。獨治其身。以立於世間。不失其操也。是故獨善其身。達。謂得行其道。故能兼善天下也。章指言內定常滿。囂囂無憂。可出可處。故云以遊。脩身立世。賤不失道。達善天下。乃用其寶。句踐好遊。未得其要。孟子言之。然後乃喻。○見音現

孟子曰。待文王而後興者。凡民也。

若夫豪傑之士。雖無文王猶興。凡民。無異知者也。故須文王之大化。乃能自興起。以趨善道。若夫豪傑才知。千萬於凡人者。雖不遭文王。猶能自起。以善守身。正行。不陷溺也。章指言小人待化。乃不辟邪。君子特立。不爲俗移。故稱豪傑自興也。○才知音智。下術知同。辟音僻。

孟子曰。附之以韓魏之家。

如其自視欿然，則過人遠矣。附，益也。韓、魏，晉六卿之富者也。言人既自有家，復益以韓魏百乘之家，其富貴已美矣，而其人欿然不足，自知仁義之道不足也，此則過人甚遠矣。章指言人情富盛，莫不驕矜，若能欿然，謂不如人，非但免過，卓絕乎凡也。欿音坎。

孟子曰：以佚道使民，雖勞不怨；謂教民趨農，役有常時，不使失業，當時雖勞，後獲其利，則佚矣。若亟其乘屋之類也，故曰不怨。以生道殺民，雖死不怨殺者。謂殺大辟之罪者，以坐殺人故也。殺此罪人者，其意欲生民也，故雖伏罪而死，不怨殺者。章指言勞人欲以佚之，殺人欲以生之，則民無怨讟也。辟音闢。

孟子曰：霸者之民驩虞如

也。王者之民皡皡如也。殺之而不怨，利之而不庸，民日遷善而不知爲之者。霸者行善恤民，恩澤暴見易知，故民驩虞樂之也。王者道大，法天浩浩，而德難見也。殺之不怨，故曰殺人而不怨也。庸，功也。利之，使趨時而農，六畜繁息，無凍餓之老，而民不知獨是王者之功。脩其庠序之教，使日遷善，亦不能覺知誰爲之者，言化大也。〇（虞）當作娛，古字通用。（皡）胡老反。

夫君子所過者化，所存者神，上下與天地同流，豈曰小補之哉。君子通於聖人，聖人如天，過此世能化之，存在此國，其化如神，故言與天地同流也。天地化物，歲成其功，豈曰使成人知其小補益也。章指言王政浩浩。與天地同道。霸者德小。民人速覩。是以賢者志其大者也。

孟子曰。仁言不如仁聲之入人深也。仁言。政教法度之言也。仁聲。樂聲雅頌也。仁言之政雖明。不如雅頌感人心之深也。善政不如善教之得民也。善政使民不違上。善教使民尚仁義。心易得也。善政民畏之。善教民愛之。善政得民財。善教得民心。畏之不逋怠。故賦役舉。而財聚於一家也。愛之。樂風化而上下親。故歡心可得也。章指言明法審令。民趨君命。崇寬務化。民愛君德。故曰移風易俗。莫善於樂。

孟子曰。人之所不學而能者。其良能也。所不慮而知者。其良知也。

不學而能。性所自能。良。甚也。是人之所能甚也。知亦猶是能也孩提之童無不知愛其親者。及其長也。無不知敬其兄也孩提。二三歲之間。在襁褓知孩笑可提抱者也。少知愛親。長知敬兄。此所謂良能良知也。○襁紀享反。褓音保。少詩妙反親親仁也。敬長義也。無他。達之天下也人仁義之心。少而皆有之。欲為善者無他。達。通也。但通此親親敬長之心。施之天下人而已。章指言本性良能。仁義是也。達之天下。恕乎己也。○長張丈反

孟子曰。舜之居深山之中。與木石居。與鹿豕遊。其所以異於深山之野人者幾希舜耕歷山之時

居木石之閒。鹿豕近人。若與人遊也。希。遠也。當此之時。舜與野人相去豈遠哉。及其聞一善言。見一善行。若決江河。沛然莫之能禦也。舜雖外與野人同其居處。聞人一善言則從之。見人一善行則識之。沛然不疑。若江河之流。無能禦止其所欲行。章指言聖人潛隱。辟若神龍。亦能飛天。亦能小同。舜之謂也。○行下孟反。文公同。辟音譬。下辟若同。

孟子曰。無爲其所不爲。無欲其所不欲。如此而已矣。無使人爲己所不欲爲者。無使人欲己之所不欲者。每以身況之。如此。則人道足也。章指言己所不欲。勿施於人。仲尼之道也。

孟子曰。人之有德慧術智者。恒存乎疢

疾。人所以有德行。智慧。道術。才智者。在於有疢疾之人。疢疾之人又力學。故能成德○（疢）丑刃反 獨孤臣孽子。其操心也危。其慮患也深。故達。此即人之疢疾也。自以孤微。懼於危殆之患。而深慮之。勉爲仁義。故至於達也。

章指言孤孽自危。故能顯達。膏粱難正。多用沈溺。是故在上不驕。以戒諸侯也○（孽）魚列反

孟子曰。有事君人者。事是君則爲容悅者也。事君。求君之意。爲苟容以悅君而已。有安社稷臣者。以安社稷爲悅者也。忠臣志在安社稷而後悅也 有天民者。達可行於天下而後行之者也。天民。知道者也。可行而行。可止而止

有大人者正己而物正者也大人大丈夫不爲利害動移者也正己物正象天不言而萬物化成也章指言容悅凡臣社稷股肱天民行道大人正身凡此四科優劣之差

孟子曰君子有三樂而王天下不與存焉父母俱存兄弟無故一樂也仰不愧於天俯不怍於人二樂也得天下英才而教育之三樂也天下之樂不得與此三樂之中兄弟無故無他故不愧天又不怍人心正無邪也育養也教養英才成之以道皆樂也○王于況反與音豫怍音昨君子有三樂而王天下不與存焉孟子重言是美之也章指

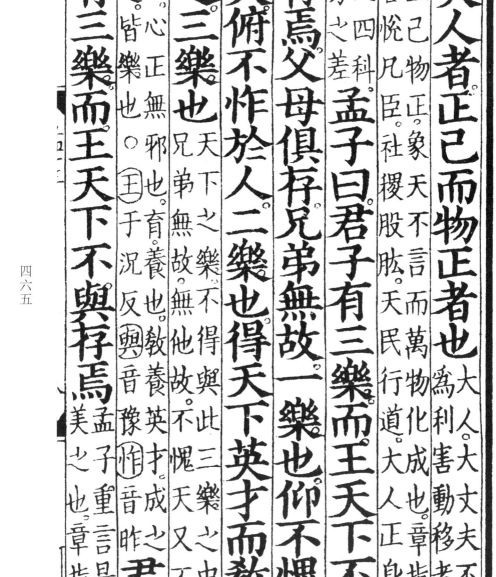

言保親之養。兄弟無他。誠不愧天。育養英才。賢人能之。樂過萬乘。孟子重焉。一章再云也

孟子曰。廣土衆民。君子欲之。所樂不存焉。中天下而立。定四方之民。君子樂之。所性不存焉。廣土衆民。大國諸侯也。所樂不存。樂行禮也。中天下而立。謂王者。所性不存。謂性仁義也

君子所性。雖大行不加焉。雖窮居不損焉。分定故也。大行。行政於天下。窮居。不失性也。分定故不變。○分扶問反

君子所性。仁義禮智根於心。其生色也。睟然見於面。盎於背。施於四體。四體不言而喻。四者根生

於心。色見於面。睟然。潤澤之貌也。盎。視其背而可知。其背盎盎然盛。流於四體。四體有匡國之綱。雖口不言。人以曉諭而知之也。章指言臨涖天下。君國子民。君子之樂。尚不與存。仁義內充。身體履方。四支不言。蟠辟用張。心邪意溺。進退無容。於是之際。知其不同也。

睟音粹。見音現。盎烏曩反。又烏浪反。

孟子曰。伯夷辟紂。居北海之濱。聞文王作興。曰。盍歸乎來。吾聞西伯善養老者。大公辟紂。居東海之濱。聞文王作興。曰。盍歸乎來。吾聞西伯善養老者。已說於上篇。辟音避。天下有善養老。則仁人以爲己歸矣。天下有能若文王者，仁人將復歸之矣。五畝之宅，樹牆下以桑，匹婦蠶之，則老者足以衣帛矣。五母雞，二母彘，無失其時，老者足以無失肉矣。百畝之田，匹夫耕之，八口之家足以無飢矣。五雞二彘，八口之家畜之，足以爲畜産之本也。○衣，於既反。所謂西伯善養老者，制其田里，教之樹畜，導其妻子使養其老。五十非帛不煖，七十非肉不飽。不煖不飽，謂之凍餒。文王之民無凍餒之老者，此之謂也。所謂無凍餒者，教導之。使可以養老者耳。非家賜而人益之也。章指言王政普大。教其常業。各養其老。使不凍餒。二老聞之。歸身自託。衆鳥不羅。翔鳳來集。亦斯類也。

孟子曰：易其田疇，薄其税斂，民可使富也。食之以時，用之以禮，財不可勝用也。易，治也。疇，一井也。教民治其田疇，薄其税斂，不踰什一，則民富矣。食，取其征賦以時，用之以常禮，不踰禮以費財也。故畜積有餘，財不可勝用也。○易，以豉反。民非水火不生活，昏暮叩人之門戶，求水火，無弗與者，至足矣。聖人治天下，使有菽粟如水火。菽粟如水火，而民焉有不仁者乎水火能生人。有不愛者。至饒足故也。菽粟饒多若是。民皆輕施於人。何有不仁者也。

章指言教民之道。富而節用。畜積有餘。焉有不仁。故曰倉廩實知禮節也。〔焉〕於虔反〔施〕始豉反

孟子曰。孔子登東山而小魯。登大山而小天下。故觀於海者難爲水。遊於聖人之門者難爲言。所覽大者意大。觀小者志小也。觀水有術。必觀其瀾。瀾。水中大波也。日月有明。容光必照焉。容光。小郄也。言大明照幽微也。〔郄〕去逆反流水之爲物也。不盈科不行。君子之志於道也。不成章不達。盈。滿也。科。欿也。流水滿欿乃行。

以喻君子。學必成章。乃仕進也。章指言弘大明者無不照。包聖道者成其仁。是故賢者志大。宜爲君子

孟子曰雞鳴而起孳孳爲善者舜之徒也雞鳴而起孳孳爲利者蹠之徒也欲知舜與蹠之分無他利與善之間也蹠。盜蹠也。蹠舜之分。以此別之。章指言好善從舜。好利從蹠。明明求之。常若不足。君子小人。各一趣也。○孳與孜同。蹠與跖同。之石反

孟子曰楊子取爲我拔一毛而利天下不爲也楊子。楊朱也。爲我。爲己也。拔己一毛以利天下之民。不爲也。○爲我。于僞反。下爲其同

墨子兼愛摩頂放踵利天下

爲之。（墨子，墨翟也。兼愛他人，摩突其頂，下至於踵，以利天下，己樂爲之也。放，方往反。踵，之隴反。）子莫執中，（子莫，魯之賢人也。其性中和專一者也。）執中爲近之。執中無權，猶執一也。（執中和，近聖人之道。然不權聖人之重權。執中而不知權，猶執一介之人，不得時變也。）所惡執一者，爲其賊道也，舉一而廢百也。（所以惡執一者，爲其不知權，以一知而廢百道也。章指言：楊墨放蕩，子莫執一，聖人量時，不取此術。孔子行止，唯義所在。惡，烏路反。）

孟子曰：飢者甘食，渴者甘飲，是未得飲食之正也，飢渴害之也。（飢渴害其本所以知味之性，令人强甘之

○強其丈反

豈惟口腹有飢渴之害，人心亦皆有害。（爲利欲所害，亦猶飢渴得之。）人能無以飢渴之害爲心害，則不及人不爲憂矣。（人能守正，不爲邪利所害，雖謂富貴之事不及逮人，猶爲君子，不爲善人所憂患也。章指言飢不安食，忍情抑欲，賤不失道，不爲苟求，能無心害，夫將何憂。）

孟子曰：柳下惠不以三公易其介。（介，大也。柳下惠執弘大之志，不耻汚君，不以三公榮位易其大量也。章指言柳下惠不恭，用志大也，無可無否，以賤爲貴也。）

孟子曰：有爲者辟若掘井，掘井九軔而不及泉，猶爲棄井也。（有爲，爲仁義也。）

軔。八尺也。雖深而不及泉。喻有爲者。中道而盡棄前行也。章指言爲仁由己。必在究之。九軔而輟。無益成功。論之一簣。義與此同。○掘衢物反。又其月反。軔音刃

孟子曰。堯舜性之也。湯武身之也。五霸假之也。性之性好仁自然也。身之。體之行仁。視之若身也。假之。假仁以正諸侯也。久假而不歸。惡知其非有也。五霸若能久假仁義。譬若假物。久而不歸。安知其不眞有也。章指言仁在性體。其次假借。用而不已。實何以易。在其勉之也。○惡音烏。下惡在同

公孫丑曰。伊尹曰。予不狎于不順。放太甲于桐。民大悅。太甲賢。又反之。民大悅。賢者之爲

人臣也，其君不賢，則固可放與？丑怪伊尹賢者而放其君，何也。與音餘，下同。孟子曰：有伊尹之志則可，無伊尹之志則篡也。大臣秉忠，志若伊尹，欲寧殷國，則可放惡而不即立君，宿留冀改而復之。如無伊尹之忠，見間乘利，篡心乃生，何可放也？章指言憂國忘家，意在出身，志在寧君，放惡攝政，伊周有焉。凡人志異，則生篡心也。公孫丑曰：詩曰不素餐兮，君子之不耕而食，何也？詩魏國伐檀之篇也。無功而食，謂之素餐。世之君子有不耕而食者何也。孟子曰：君子居是國也，其君用之則安富尊榮，其子弟從之則孝悌忠信。不素餐兮。孰大於是。君子能使人化其道德。移其習俗。君安國富。而保其尊榮。子弟孝悌而樂忠信。不素餐之功。誰大於是。何爲不可以食祿。章指言君子正己。以立於世。世美其道。君臣是貴。所過者化。何素餐之謂也

王子墊問曰。士何事。齊王子名墊也。問士當何事爲事也。○墊音坫孟子曰。尚志。尚。上也。士當貴上於用志也曰。何謂尚志。曰。仁義而已矣。殺一無罪。非仁也。非其有而取之。非義也。居惡在。仁是也。路惡在。義是也。居仁由義。大人之事備矣。孟子言志之所尚。仁義而已矣。不殺無罪。不取非有

者爲仁義。欲知其所當居者仁爲上。所由者義爲貴。大人之事備也。章指言人當尚志。志於善也。善之所由。仁與義也。欲使王子無過差也

孟子曰。仲子不義與之齊國而弗受。人皆信之。是舍簞食豆羹之義也仲子。陳仲子。仲子處於陵者。人以爲廉。謂以不義而與之齊國。必不受之。孟子以爲仲子之義。若上章所道。簞食豆羹無禮則不受。萬鍾則不辨禮義而受之也人莫大焉亡親戚君臣上下。以其小者。信其大者。奚可哉人當以禮義爲正。陳仲子避兄離母。不知仁義親戚上下之敘。何可以其小廉。信以爲大哉。章指言事有輕重。行有小大。以大包小可也。以小信大。未之聞也

桃應問曰：舜爲天子，皐陶爲士，瞽瞍殺人，則如之何？（桃應，孟子弟子。問皐陶爲士官，主執罪人，瞽瞍惡暴而殺人，則皐陶如何。○陶音姚）孟子曰：執之而已矣。（孟子曰：皐陶執之耳）然則舜不禁與？（桃應以爲舜爲天子，使有司執其父，不禁止之邪）曰：夫舜惡得而禁之？夫有所受之也。（夫，辭也。孟子曰：夫舜惡得禁之。夫天下乃受之於堯，當爲天理民王法不曲，豈得禁之也）然則舜如之何？（應問舜爲之將如何）曰：舜視棄天下，猶棄敝蹝也。竊負而逃，遵海濱而處，終身訢然，樂而忘天下。（孟子曰：舜視棄天下如捐棄敝蹝。蹝，草履可蹝者也。敝喻不惜。舜必負父而遠逃，終身訢然，忽忘天下之爲貴也。章指言奉法承天，政不可枉，大孝榮父，遺棄天下，虞舜之道，趨將若此，孟子之言，揆聖意也。（蹝）所綺反，（訢）音忻。

孟子自范之齊，望見齊王之子，喟然歎曰：居移氣，養移體，大哉居乎！夫非盡人之子與？范，齊邑，王庶子所封食也。孟子之范，見王子之儀，聲氣高涼，不與人同，還至齊，謂諸弟子喟然而歎曰：居尊則氣高，居卑則氣下，居之移人氣志使之高涼，若供養之移人形身，使充盛也。大哉居乎者，言當愼所居，人必居仁也。凡人與王子，豈非盡是人之子也，王子居尊勢，故儀聲如是也。章指言人性皆同，居使之異，君子居仁。小人處利。譬猶王子。殊於衆品也。○喟丘愧反孟子曰。王子宮室。車馬衣服。多與人同。而王子若彼者。其居使之然也。況居天下之廣居者乎。言王子宮室乘服。皆人之所用之耳。然而王子若彼高涼者。居勢位故也。況居廣居。謂行仁義。仁義在身。不言而喻也。○乘音剩魯君之宋。呼於垤澤之門。守者曰。此非吾君也。何其聲之似我君也。此無他。居相似也。垤澤。宋城門名也。人君之聲相似者。以其俱居尊勢。故音氣同也。以城門不自肯夜開。故君自發聲。章指言輿服器用。人用不殊。尊貴居之。志氣以舒。是以居仁由義。盎

然內優。胷中正者。眸子不瞀也。○呼火故反垤大結反

孟子曰。食而弗愛。豕交之也。愛而不敬。獸畜之也。恭敬者。幣之未將者也。恭敬而無實。君子不可虛拘人之交接。但食之而不愛。若養豕也。愛而不敬。若人畜禽獸。但愛而不能敬也。且恭敬者。如有幣帛。當以行禮。而未以命將行之也。恭敬貴實。如其無實。何可虛拘致君子之心也。章指言取人之道。必以恭敬。恭敬貴實。虛則不應。實者。謂敬愛也。○食音嗣畜許六反

孟子曰。形色天性也形。謂君子體貌嚴尊也。尚書洪範。一曰貌。色。謂婦人妖麗之容。詩云。顏如蕣華。此皆天假施於人也。○蕣音舜惟聖人然後可

以踐形踐，履居之也。易曰：黃中通理。聖人內外文明，然後能以正道履居此美形。不言居色主名，尊陽抑陰之義也。章指言：體德正容，大人所履，有表無裏，謂之柚榫。是以聖人乃堪踐形也。○柚榫，上以究反，下音臻。

齊宣王欲短喪。公孫丑曰：「為朞之喪，猶愈於已乎？」齊宣王以三年之喪為大長久，欲減而短之，因公孫丑使自以其意問孟子。既不能三年喪，以朞年差愈於止而不行喪者。

孟子曰：「是猶或紾其兄之臂，子謂之姑徐徐云爾，亦教之孝悌而已矣。」紾，戾也。孟子言：有人戾其兄之臂，為不順也，而子謂之曰：且徐徐云爾。是豈以徐之為差者乎？不若教之以孝悌，勿復戾其兄之臂也。今欲行其朞喪。亦猶曰徐徐之類也。○紾音軫。又徒展反王子有其母死者。其傅爲之請數月之喪。公孫丑曰。若此者何如也丑曰。王之庶夫人死。迫於適夫人。不得行其喪親之數。其傅爲請之於君。欲使得行數月喪。如之何。○爲去聲曰。是欲終之而不可得也。雖加一日愈於已。謂夫莫之禁而弗爲者也孟子曰。如是王子。欲終服其子禮而不能者也。加益一日。則愈於止。況數月乎。所謂不當者。謂無禁自欲短之。故譏之也。章指言禮斷三年。孝者欲益。富貴怠厭。思減其日。君子正言。不可阿情。丑欲朞之。故譬以紾兄徐徐也孟子曰。君子之所以教者五教民之道有五品有如時雨化之者教之漸漬而沾洽也有成德者有達財者有荅問者有私淑艾者私獨淑善艾治也君子獨善其身人法其仁此亦與教法之道無差也○艾音刈又五泰反此五者君子之所以教也申言之。孟子貴重此教之道。章指言教人之術。莫善五者。養育英才。君子所珍。聖所不倦。其惟誨人乎

公孫丑曰道則高矣美矣宜若登天然似不可及也何不使彼爲可幾及而日孶孶也丑以爲聖人之道大高遠。將若登天。人不能及也。何不少近人情。令彼凡人可庶幾。使日

孳孳自勉也○〔幾〕音機

孟子曰。大匠不爲拙工改廢繩墨。羿不爲拙射變其彀率。君子引而不發。躍如也。中道而立。能者從之。大匠不爲新學拙工。故爲之改鑿廢繩墨。必正也。羿不爲新學拙射者變其彀率之法也。彀。弩張。嚮表率之。正體望之。極思用巧之時。不可變也。君子。謂於射則引弓彀弩而不發。以待彀偶也。於道則中道德之中。不以學者不能。故卑下其道。將以須於能者往取之也。章指言曲高和寡。道大難追。然而覆正者不枉。執德者不回。故曰人能弘道。毋欲下之。非也。○〔爲〕並去聲〔彀〕古候反〔率〕如字。又讀爲律

孟子曰。天下有道。以道殉身。天下無道

以身殉道，未聞以道殉乎人者也。殉，從也。天下有道，得行王政，道從身施功實也。天下無道，道不得行，以身從道，守道而隱，不聞以正道從俗人也。章指言：窮達卷舒，屈伸異變，變流從顧，守者所慎，故曰金石獨止，不殉人也。

公都子曰：「滕更之在門也，若在所禮，而不荅，何也？」滕更，滕君之弟，來學於孟子也。言國君之弟而樂在門人中，宜荅見禮，而夫子不荅，何也？○更，音庚。

孟子曰：「挾貴而問，挾賢而問，挾長而問，挾有勳勞而問，挾故而問，皆所不荅也。滕更有二焉。」挾，接也。接己之貴勢，接己之有賢才，接己長老，接己嘗有功勞之恩，接己與師有故舊之好。凡恃此五者。而以學問望師之待以異意而教之。皆所不當答。滕更有二焉。挾貴挾賢。故不荅矣。章指言學尚虛己。師誨貴平。是以滕更恃二。孟子弗應。○挾音協 長張丈反

孟子曰。於不可已而已者。無所不已。於所厚者薄。無所不薄也。其進銳者其退速。

已。棄也。於義所不當棄。而棄之則不可。所以不可而棄之。使無罪者咸恐懼也。於義當厚。而反薄之。何不薄也。不憂見薄者。亦皆自安矣。不審察人。而過進不肖越其倫。悔而退之必速矣。當翔而後集。慎如之何。章指言賞僭及淫。刑濫傷善。不僭不濫。詩人所紀。是以季文三思。何後之有

孟子曰。君子之於物也。愛之而弗

仁物。謂凡物可以養人者也。當愛育之。而不如人仁。若犧牲不得不殺也於民也仁之而弗親臨民以非己族類。故不得與親同也親親而仁民仁民而愛物先親其親戚。然後仁民。仁民然後愛物。用恩之次也。章指言君子布德。各有所施。事得其宜。故謂之義也孟子曰知者無不知也當務之爲急仁者無不愛也急親賢之爲務知者。知所務善也。仁者。務愛賢也。○知者。音智。下之知同堯舜之知而不徧物急先務也堯舜之仁不徧愛人急親賢也物。事也。堯舜不徧知百工之事。不徧愛衆人。先愛賢使治民。不二三自往親加恩惠。徧音遍不能三年之喪而緦小功之察放飯流歠而問無齒決是之謂不知務尚不能行三年之喪。而復察緦麻小功之禮。放飯。大飯也。流歠。長歠也。齒決。斷肉置其餘也。於尊者前賜食。大飯長歠。不敬之大者。齒決小過耳。言世之先務。舍大譏小。若此之類也。章指言振裘持領。正羅維綱。君子百行。先務其崇。是以堯舜親賢。大化以隆。道爲要也。○飯文公扶晚反歠昌悅反

孟子卷第十三

盱郡重刊廖氏善本

孟子卷第十四

盡心章句下

孟子曰：不仁哉梁惠王也！仁者以其所愛及其所不愛，不仁者以其所不愛及其所愛。（梁，魏都也。以，用也。仁者用恩於所愛之臣民，王政不偏，普施德教，所不親愛者，并蒙其恩澤也。用不仁之政加於所不親愛，則有災傷，加所愛之臣民，亦并被其害。惠王好戰殺人，故孟子曰不仁哉。○好，呼報反。下好戰、好仁、好生、好名、好禮、好善皆同。）公孫丑曰：何謂也？（丑問及所愛之狀何謂也。）梁惠王以土地之故，糜爛其民而戰之。大敗。將復之。恐不能勝。故驅其所愛子弟以殉之。是之謂以其所不愛及其所愛也。孟子言惠王貪利鄰國之土地而戰。其民死亡於野。骨肉糜爛而不收。兵大敗而欲復戰。恐士卒少。不能用勝。故復驅其所愛近臣及子弟而以殉之。殉從也。所愛從其所不愛。而往趨死亡。故曰及其所愛也。東敗於齊。長子死焉。章指言發政施仁。一國被恩。好戰輕民。災及所親。著此魏王。以戒人君也。

孟子曰。春秋無義戰。彼善於此。則有之矣。征者。上伐下也。敵國不相征也。春秋所載戰伐之事。無應王義者也。彼此相覺。有善惡耳。孔子

舉豪毛之善。貶纖介之惡。故皆錄之於春秋
也。上伐下謂之征。諸侯敵國。不得相征。五霸
之世。諸侯相征。於三王之法。不得其正者也。
章指言春秋撥亂。時多戰爭。事實違禮。以文
反正。征伐誅討。不自王命。故曰
無義戰也。○覺音教。義與校同。**孟子曰。盡信**
書。則不如無書。吾於武成。取二三策而已矣。
仁人無敵於天下。以至仁伐至不仁。而何其
血之流杵也。書。尚書。經有所美。言事或過。若
康誥曰。冒聞于上帝。甫刑曰。帝
清問下民。梓材曰。欲至于萬年。又曰。子子孫
孫永保民。人不能聞天。天不能問民。萬年永
保。皆不可得爲書。豈可案文而皆信之哉。武
成。逸書之篇名。言武王誅紂戰鬬殺人。血流

春杵。孟子言武王以至仁伐至不仁。殷人簞食壺漿而迎其師。何乃至於血流漂杵乎。故吾取武成兩三簡策可用者耳。其過辭則不取也。章指言文之有美過實。聖人不改。録其意也。非獨書云。詩亦有言。崧高極天。則百斯男。亦已過矣。是故取於武成二三而已。

孟子曰。有人曰。我善爲陳。我善爲戰。大罪也。國君好仁。天下無敵焉。南面而征北夷怨。東面而征西夷怨。曰。奚爲後我。此人欲勸諸侯以攻戰也。故謂之有罪。好仁無敵。四夷怨望遲願見征。何爲後我。已説於上篇。○陳音陳

武王之伐殷也。革車三百兩。虎賁三千人。王曰。無畏。寧

爾也。非敵百姓也。若崩厥角稽首。征之爲言正也。各欲正己也。焉用戰。革車。兵車也。虎賁。武士爲小臣者也。書云。虎賁贅衣。趣馬小尹。三百兩。三百乘也。武王令殷人曰。無驚畏。我來安止爾也。百姓歸周。若崩厥角。額角犀厥地。稽首拜命。亦以首至地也。各欲令武王來征己之國。安用善戰陳者。章指言民思明君。若旱望雨。以仁伐暴。誰不欣喜。是以殷民厥角。周師歌舞。焉用善戰。故云罪也。(兩)音亮。(賁)音奔。○

孟子曰。梓匠輪輿能與人規矩。不能使人巧。梓匠輪輿之功。能以規矩與人。人之巧在心。拙者雖得規矩。不以成器也。章指言規矩之法。喻若典禮。人不志仁。雖誦憲籍。不能以善。善人脩

道公輸守繩政成器美惟度是應得其理也

孟子曰舜之飯糗茹草也若將終身焉及其爲天子也被袗衣鼓琴二女果若固有之

糗飯乾糒也袗畫也果侍也舜耕陶之時飯糗茹草若將終身如是及爲天子被畫衣黼黻絺繡也鼓琴以協音律也以堯二女自侍亦不佚豫如固自當有之也章指言阨窮不憫貴而思降凡人所難虞舜所隆聖德所以殊也○糗去久反茹音汝袗之忍反果文公謂說文作婐烏果反糒音備丁音敗

孟子曰吾今而後知殺人親之重也殺人之父人亦殺其父殺人之兄人亦殺其兄然則非自

殺之也。一間耳。父仇不同天。兄仇不同國。以惡加人。人必加之。知其重也。一間者。我往彼來。間一人耳。與自害其親何異哉。章指言恕以行仁。遠禍之端。暴以殘民。招咎之患。是以君子好生惡殺。反諸身也。○閒音澗。亦如字。

孟子曰。古之爲關也。將以禦暴。今之爲關也。將以爲暴。古之爲關。將以禦暴亂。譏閉非常也。今之爲關。反以征稅出入之人。將以爲暴虐之道也。章指言修理關梁。譏而不征。如以稅斂。非其式程。懼將爲暴。故載之也。

孟子曰。身不行道。不行於妻子。使人不以道。不能行於妻子。身不自履行道德。而欲使人行道德。妻子不肯行之。言無所則效。使人不順其道理。不能使妻子順之。而況於他人者乎。章指言率人之道。躬行爲首。故論語曰。其身不正。雖令不從。

孟子曰。周于利者。凶年不能殺。周于德者。邪世不能亂。周達於利。營苟得之利而趨生。雖凶年不能殺之。周達於德。身欲行之。雖遭邪世。不能亂其志也。章指言務利蹈姦。務德蹈仁。舍生取義。其道不均也。

孟子曰。好名之人。能讓千乘之國。苟非其人。簞食豆羹見於色。好不朽之名者。輕讓千乘。子臧季札之儔是也。誠非好名者。争簞飯豆羹變色。訟之致禍。鄭子公染指黿羹之類是也。章指言廉貪相殊。名亦卓異。故聞伯夷之風。懦夫有立志也。○食音嗣。見音現。黿音元。左氏傳作黿孟子曰不信仁賢則國空虚無禮義則上下亂無政事則財用不足不親信仁賢仁賢去之國無賢人則曰空虚也無禮義以正尊卑則上下之序泯亂無善政以教人農時貢賦則不入故財用不足章指言親賢正禮明其五教爲政之源聖人以三者爲急也

孟子曰不仁而得國者有之矣不仁而得天下未之有也不仁得國者謂若象封有庳叔鮮叔度封於管蔡以親親之恩而得國也雖有誅亡其世有土丹朱商均天子元子以其不仁天下不與故不得有天下也章指言王者當天然後處之桀紂幽厲雖得猶失不以善終不能世祀不爲得也○庳音鼻

孟子曰民

爲貴。社稷次之。君爲輕。是故得乎丘民而爲天子。君輕於社稷。社稷輕於民。丘。十六井也。天下丘民皆樂其政。則爲天子。殷湯。周文。是也。得乎天子爲諸侯。得天子之心。封以爲諸侯。得乎諸侯爲大夫。得諸侯之心。諸侯封以爲大夫。諸侯危社稷則變置。諸侯爲危社稷之行。則變更立賢諸侯也。○行下孟反。下之行。德行。正行。穢行。人行皆同。○更古衡反。犧牲既成。粢盛既絜。祭祀以時。然而旱乾水溢。則變置社稷。犧牲已成肥腯。粢稻已成絜精。祭祀社稷常以春秋之時。然而其國有旱乾水溢之災。則毀社稷而更置也。章指言得民爲君。得君

爲臣。民爲貴也。先黜諸侯。後毀社稷。君爲輕也。重民敬祀。治之所先。故列其次而言之。〔盛〕音成〔腯〕徒忽反

孟子曰。聖人百世之師也。伯夷柳下惠是也伯夷之清。柳下惠之和。聖人之一槩也故聞伯夷之風者。頑夫廉。懦夫有立志。聞柳下惠之風者。薄夫敦。鄙夫寬。奮乎百世之上。百世之下。聞者莫不興起也。非聖人而能若是乎。而況於親炙之者乎頑貪。懦弱。鄙狹也。百世言其遠也。興起志意興起也。非聖人之行。何能感人若是。諭聞尚然。況親見熏炙者也。章指言伯夷柳下惠。變貪厲薄。千載聞之。

猶有感激。謂之聖人。美其德也○百世之上。文公句

孟子曰。仁也者。人也。合而言之。道也。能行仁恩者人也。人與仁合而言之。可以謂之有道也。章指言仁恩須人。人能弘道也

孟子曰。孔子之去魯。曰。遲遲吾行也。去父母國之道也。去齊。接淅而行。去他國之道也。遲遲接淅。注義見萬章下首章。章指言孔子周流不遇。則之他國遠逝。惟魯斯戀。篤於父母國之義也○淅先歷反

孟子曰。君子之戹於陳蔡之閒。無上下之交也。君子。孔子也。論語曰。君子之道三。我無能焉。孔子乃尚謙不敢當君子之道。故可謂孔子爲君子也。孔子所以戹於

陳蔡之閒者。其國君臣皆惡。上下無所交接故戹也。章指言君子固窮。窮不變道。上下無交。無賢援也。○戹或作厄。

貉稽曰。稽大不理於口。貉。姓。稽。名。仕者也。爲衆口所訕。理。賴也。謂孟子曰。稽大不賴人之口。如之何。○貉貊鶴二音。人姓。當音鶴。又音陌。文公同。

孟子曰。無傷也。士憎茲多口。審己之德。口無傷也。離於凡人而爲士者益多口。

詩云。憂心悄悄。慍于羣小。孔子也。肆不殄厥慍。亦不隕厥問。文王也。詩邶風柏舟之篇曰。憂心悄悄。憂在心也。慍于羣小。怨小人聚而非議賢者也。孔子論此詩。孔子亦有武叔之口。故曰孔子之所苦也。大雅緜之篇曰。肆不殄厥慍。殄。絶。慍。怒也。亦不殞厥問。殞。失也。言文王不殄絕昆夷之愠怒。亦不能殞失文王之善聲問也。章指言正己信心。不患衆口。衆口諠譁。大聖所有。況於凡品之所能禦。故荅貉稽曰無傷也。○殄徒典反

孟子曰。賢者以其昭昭。使人昭昭。今以其昏昏。使人昭昭

賢者治國。法度昭昭。明於道德。是躬化之道可也。今之治國。法度昏昏。亂潰之政也。身不能治。而欲使他人昭明。不可得也。章指言以明昭闇。闇者以開。以闇責明。闇者愈迷。賢者可遵。譏今之非也

孟子謂高子曰。山徑之蹊閒介然用之而成路。爲閒不用。則茅塞之矣。今茅塞子之心矣

高子。齊人也。嘗學於孟子。鄉道而未明。去

而學於他術。孟子謂之曰。山徑。山之領。有微蹊介然。人遂用之不止。則蹊成爲路。爲間。有間也。謂廢而不用。則茅草生而塞之。不復爲路。以喻高子學於仁義之道。當遂行之。而反中止。比若山路。故曰茅塞子之心也。章指言聖人之道。學而時習。仁義在身。當常被服。舍而不脩。猶茅是塞。明爲善之不可倦也。（間）如字。爲間同。（介）文公音戛。蹊間句。成路句

高子曰。禹之聲。尚文王之聲。孟子曰。何以言之高子以爲禹之尚貴聲樂。過於文王。孟子難之曰。何以言之**曰。以追蠡**高子曰。禹時鐘在者。追蠡也。追。鐘鈕也。鈕磨齧處深矣。蠡蠡欲絕之貌也。文王之鐘不然。以禹爲尚樂也。（追）音堆（蠡）音禮**曰。是奚足哉。城門之軌。兩**

馬之力與孟子曰是何足以爲禹尚樂乎先代之樂器後王皆用之禹在文王之前千有餘歲用鍾日久故追欲絕耳譬若城門之軌齧其限切深者用之多耳豈兩馬之力使之然乎兩馬者春秋外傳曰國馬足以行關公馬足以稱賦章指言前聖後聖所尚者同三王一體何得相踰欲以追蠡未達一隅孟子言之將啓其蒙

齊饑陳臻曰國人皆以夫子將復爲發棠殆不可復棠齊邑也孟子嘗勸齊王發棠邑之倉以振貧窮時人賴之今齊人復饑陳臻言一國之人皆以爲夫子復若發棠時勸王也殆不可復言之也○復文公去聲

孟子曰是爲馮婦也晉人有馮婦者善搏虎卒爲善

士則之野有衆逐虎虎負嵎莫之敢攖望見馮婦趨而迎之馮婦攘臂下車衆皆悅之其爲士者笑之馮姓婦名也勇而有力能搏虎卒後也善士者以善搏虎有勇名也故進以爲士之於野外復見逐虎者攖迫也虎依陬而怒無敢迫近者也馮婦恥不如前見虎走而迎之攘臂下車欲復搏之衆人悅其勇猛其士之黨笑其不知止也故孟子謂陳臻今欲復使我如發棠時言之於君是則我爲馮婦也必爲知者所笑也章指言可爲則從不可則凶言善見用得其時也非時逆指猶若馮婦暴虎無已必有害也○搏補各反嵎音愚攖於盈反

孟子曰口之於味也目之於色

也。耳之於聲也。鼻之於臭也。四肢之於安佚也。性也。有命焉。君子不謂性也。口之甘美味。目之好美色。耳之樂音聲。鼻之喜芬香。臭，香也。易曰：其臭如蘭。四體謂之四肢。四肢解倦，則思安佚不勞苦。此皆人性之所欲也。得居此樂者有命祿。人不能皆如其願也。凡人則觸情從欲，而求可樂。君子之道，則以仁義爲先，禮節爲制。不以性欲而苟求之也。故君子不謂性也

仁之於父子也。義之於君臣也。禮之於賓主也。知之於賢者也。聖人之於天道也。命也。有性焉。君子不謂命也仁者得以恩愛施於父子。義者得以義理施於

君臣。好禮者得以禮敬施於賓主。知者得以明知知賢達善。聖人得以天道王於天下。此皆命祿遭遇。乃得居而行之。不遇者不得施行。然亦才性有之。故可用也。凡人則歸之命祿。任天而已。不復治性。以君子之道。則脩仁行義。脩禮。學知。庶幾聖人。亹亹不倦。不但坐而聽命。故曰君子不謂命也。章指言尊德樂道。不任佚性。治性勤禮。不專委命。君子所能。小人所病。究言其事。以勸戒也。〔知〕音智

浩生不害問曰樂正子何人也浩生。姓。不害。名。齊人也。見孟子聞樂正子爲政於魯而喜。故問樂正子何等人也**孟子曰善人也信人也**樂正子爲人。有善有信也**何謂善。何謂信**不害問善信之行謂何**曰。可欲之謂善有**

諸己之謂信，充實之謂美，充實而有光輝之謂大，大而化之之謂聖，聖而不可知之之謂神。樂正子，二之中、四之下也。己之所欲，乃使人欲之，是爲善人。己所不欲，勿施於人也。有之於己，乃謂人有之，是爲信人。不意不信也。充實善信，使之不虛，是爲美人。美德之人也。充實善信，而宣揚之，使有光輝，是爲大人。大行其道，使天下化之，是爲聖人。有聖知之明，其道不可得知，是爲神人。人有是六等，樂正子能善能信，在二者之中、四者之下也。章指言神聖以下，優劣異差，樂正好善，應下二科，是以孟子爲之喜也。○意音億，又如字。

孟子曰：逃墨必歸於楊，逃楊必

歸於儒。歸斯受之而已矣。墨翟之道兼愛無親疏之別，最爲違禮。楊朱之道爲己愛身，雖違禮，尚得不敢毀傷之義。逃者去也。去邪歸正，故曰歸。去墨歸楊，去楊歸儒，則當受而安之也。今之與楊墨辯者，如追放豚。既入其苙，又從而招之。苙，蘭也。招，罥也。今之與楊墨辯爭道者，譬如追放逸之豕豚，追而還之，入蘭則可，又復從而罥之，太甚，以言去楊墨歸儒則可，又復從而罪之，亦云太甚。章指言驅邪反正，正斯可矣。來者不綏，追其前罪，君子甚之，以爲過也。○苙音立。欄也。圈也。

孟子曰：有布縷之征，粟米之征，力役之征。征，賦也。國有軍旅之事，則橫興此三賦也。布，軍卒以爲衣也。縷，紩鎧

甲之縷也。粟米。軍糧也。力役。民負荷廝養。君之役也。○（横）胡孟反（紩）音秩（鎰）苦愛反

子用其一，緩其二。用其二而民有殍，用其三而父子離。

君子爲政，雖遭軍旅，量其民力，不竝此三役，更發異時，急一緩二，民不苦之。若竝用二，則路有餓殍；若竝用三，分崩不振，父子離析，忘禮義矣。章指言原心量力，政之善者，繇役竝興，以致離殍，養民輕斂，君子道也。○（殍）皮表反，張音孚

孟子曰：諸侯之寶三：土地、人民、政事。寶珠玉者，殃必及身。

諸侯正其封疆，不侵鄰國，鄰國不犯，寶土地也。使民以時，民不離散，寶人民也。脩其德教，布其惠政，寶政事也。若寶珠玉，求索和氏之璧，隋侯之珠，與强國爭之，强

國加害。殃及身也。章指言寶此三者。以爲國珍。寶於爭玩。以殃其身。諸侯如兹。永無患也。

盆成括仕於齊。孟子曰。死矣盆成括。盆成。姓。括。名也。嘗欲學於孟子。問道未達而去。後仕於齊。孟子聞而嗟歎曰。死矣盆成括。知其必死。

盆成括見殺。門人問曰。夫子何以知其將見殺。門人問孟子何以知之也。曰。其爲人也小有才。未聞君子之大道也。則足以殺其軀而已矣。孟子荅門人。言括之爲人。小有才慧。而未知君子仁義謙順之道。適足以害其身也。章指言小知自私。藏怨之府。大雅先人。福之所聚。勞謙終吉。君子道也。

孟子之滕。館於上宮。

館。舍也。上宮。樓也。孟子舍止賓客所館之樓上也有業屨於牖上。館人求之弗得。或問之曰：若是乎從者之廋也？屨。扉屨也。業。織之有次業而未成也。置之窻牖之上。客到之後。求之不得。有來問孟子者曰。是客從者之廋。廋。匿也。孟子與門徒相隨。從車數十。故曰。侍從者所竊匿也。○從才用反。下從車同。廋音搜。扉符費反曰：子以是爲竊屨來與？孟子謂館人曰。子以是衆人來隨事我。本爲欲竊屨故來邪。○爲去聲曰：殆非也。館人曰。殆非爲是來。事夫子也。自知問之過夫子之設科也，往者不追，來者不距，苟以是心至，斯受之而已矣。孟子曰。夫我設教授之科。教人以道德也。其去者亦不追呼。來者亦不距逆。誠以是學道之心來至。我則斯受之。亦不知其取之與否。君子不保異心也。見館人言殆非爲是來。亦云不能保知。謙以荅之。章指言教誨之道。受之如海。百川移流。不得有距。雖獨竊屨。非己所絕。順荅小人。小人自咎。所謂造次必於是也。○夫音扶。文公如字

孟子曰。人皆有所不忍。達之於其所忍。仁也。人皆有所愛。不忍加惡。推之以通於所不愛。皆令被德。此仁人也。**人皆有所不爲。達之於其所爲。義也。**人皆有不喜爲。謂貧賤也。通之於其所喜爲。謂富貴也。抑情止欲。使若所不喜爲此者。義人也。**人能充無欲害人之心。而仁**

不可勝用也人皆有不害人之心。能充大之以爲仁。仁不可勝用也人能充無穿踰之心。而義不可勝用也穿牆踰屋。姦利之心也。人既無此心。能充大之以爲義。義不可勝用也人能充無受爾汝之實無所往而不爲義也爾汝之實。德行可輕賤。人所爾汝者也。既不見輕賤。不爲人所爾汝。能充大而以自行。所至皆可以爲義也士未可以言而言。是以言餂之也。可以言而不言。是以不言餂之也。是皆穿踰之類也餂。取也。人之爲士者。見尊貴者。未可與言。而強與之言。欲以言取之也。是失言也。見可與言者。而不與之言。不知賢人可與之言。而反欲以不言取之。是失人也。是皆趨利入邪無知之人。故曰穿踰之類也。章指言善恕行義。充大其美。無受爾汝。何施不可。取人不知。失其臧否。比之穿踰。善亦遠矣。○餂音忝。謂挑取物。否音鄙

孟子曰。言近而指遠者。善言也。守約而施博者。善道也。君子之言也。不下帶而道存焉。言近指遠。近言正心。遠可以事天也。守約施博。約守仁義。大可以施德於天下也。二者可謂善言善道也。正心守仁。皆在胷臆。吐口而言之。四體不與焉。故曰不下帶。○施文公去聲。與音豫君子之守。脩其身而天下平。身正物正。天下平矣人病舍其田而芸人之田。

所求於人者重而所以自任者輕芸治也田以喻身舍身不治而欲責人治求人大重自任大輕章指言言道之善以心爲原當求諸己而責於人君子尤之況以安芸言失務也

孟子曰堯舜性者也湯武反之也堯舜之體性自善者也殷湯周武反之於身身安乃以施人謂加善於民

動容周旋中禮者盛德之至也人動作容儀周旋中禮者盛德之至○中張仲反或如字

哭死而哀非爲生者也死者有德哭者哀也

經德不回非以干祿也言語必信非以正行也經行也體德之人行其節操自不回邪非以求祿位也庸言必信非必欲

以正行爲名也。性不忍欺人也**君子行法以俟命而已矣**君子順性蹈德。行其法度。夭壽在天。待命而已矣。章指言君子之行。動合禮中。不惑禍福。脩身俟終。堯舜之盛。湯武之隆。不是過也**孟子曰。說大人則藐之。勿視其巍巍然**大人。謂當時之尊貴者也。孟子言說此大人之法。心當有以輕藐之。勿敢視之巍巍。富貴若此而不畏之。則心舒意展。言語得盡。○說音稅。藐音邈。又音眇。文公只音眇**堂高數仞。榱題數尺。我得志弗爲也**仞。八尺也。榱題。屋霤也。高堂數仞。振屋數尺。奢汰之室。使我得志。不居此堂也。大屋無尺丈之限。故言數仞也。○榱楚危反**食前方丈。侍妾數百人。我**

得志弗爲也極五味之饌食。列於前。方一丈。侍妾衆多至數百人也般樂飲酒。驅騁田獵。後車千乘。我得志弗爲也般。大也。大作樂而飲酒。驅騁田獵。從車千乘。般于遊田也。〇般音盤在彼者皆我所不爲也。在我者皆古之制也。吾何畏彼哉在彼。貴者驕佚之事。我所耻爲也。在我所行皆古聖人所制之法。謂恭儉也。我心何爲當畏彼人乎哉。章指言富貴而驕。自遺咎也。茅茨采椽。聖堯表也。以賤說貴。懼有蕩心。心謂彼陋。以寧我神。故以所不爲。爲之寶玩也。

孟子曰。養心莫善於寡欲。其爲人也寡欲。雖有不存焉者寡矣養治

也。寡，少也。欲，欲利也。雖有少欲而亡者，謂遭横暴，若單豹卧深山而遇飢虎之類也。然亦寡矣。○單音善

其爲人也多欲，雖有存焉者寡矣。謂貪而不亡，蒙先人德業，若晉欒黶之類也。然亦少矣。不存者衆也。章指言清靜寡欲，德之高者；畜聚積實，穢行之下。廉者招福，濁者速禍。雖有不然，蓋非常道，是以正路不可不由也。○黶乙斬反

曾晳嗜羊棗，而曾子不忍食羊棗。公孫丑問曰：膾炙與羊棗孰美？羊棗，棗名也。曾子以父嗜羊棗。父没之後，惟念其親，不復食羊棗，故身不忍食也。公孫丑怪之，故問羊棗孰與膾炙美也。○晳音錫，炙之夜反，復扶又反

孟子曰：膾炙哉！言膾炙固美也。何比於羊

棗公孫丑曰然則曾子何爲食膾炙而不食羊棗曰膾炙所同也羊棗所獨也諱名不諱姓姓所同也名所獨也孟子言膾炙雖美人所同嗜獨曾子父嗜羊棗耳故曾子不忍食也譬如諱君父之名不諱其姓姓與族同之名所獨也故諱之也章指言情禮相扶以禮制情人所同然禮則不禁曾參至孝思親異心羊棗之感終身不嘗孟子嘉焉故上章稱曰豈有非義而曾子言之者也

萬章問曰孔子在陳曰盍歸乎來吾黨之士狂簡進取不忘其初孔子在陳何思魯之狂士孔子戹陳不遇賢人上下

無所交。蓋歎息思歸。欲見其鄉黨之士也。簡大也。狂者進取大道。而不得其正者也。不忘其初。孔子思故舊也。周禮五黨爲州。五州爲鄉。故曰吾黨之士也。萬章怪孔子何爲思魯之狂士也

孟子曰。孔子不得中道而與之。必也狂獧乎。狂者進取。獧者有所不爲也。孔子豈不欲中道哉。不可必得。故思其次也。中道。中正之大道也。狂者能進取。獧者能不爲不善。時無中道之人。以狂獧次善者。故思之也。○獧音狷。與絹同

敢問何如斯可謂狂矣。萬章曰。人行何如斯則可謂之狂也

曰。如琴張曾皙牧皮者。孔子之所謂狂矣。孟子

言人行如此三人者。孔子謂之狂也。琴張。子張也。子張之爲人。踸踔譎詭。論語曰。師也辟。故不能純善而稱狂也。又善鼓琴。號曰琴張。曾皙。曾參父也。牧皮。行與二人同。皆事孔子學者也。○踸勑甚反踔勑效反。又勑角反**何以謂之狂也**萬章問何以謂此人爲狂**曰。其志嘐嘐然。曰古之人。古之人。夷考其行而不掩焉者也**嘐嘐。志大言大者也。重言古之人。欲慕之也。夷。平也。考察其行。不能掩覆其言。是其狂也。○嘐火包反**狂者又不可得。欲得不屑不潔之士而與之。是獧也。是又其次也**屑。潔也。不潔。汙穢也。既不能得狂者。欲得有介之人。能恥賤汙行不潔者。則可與言矣。是獧人次於狂者也孔子曰。過我門而不入我室我不憾焉者。其惟鄉原乎。鄉原德之賊也憾。恨也。人過孔子之門不入。則孔子恨之。獨鄉原不入者。無恨心耳。以其賊德故也○原文公讀與愿同曰。何如斯可謂之鄉原矣萬章問鄉原之惡云何曰。何以是嘐嘐也。言不顧行。行不顧言。則曰古之人。古之人。行何爲踽踽涼涼。生斯世也。爲斯世也。善斯可矣。閹然媚於世也者。是鄉原也孟子言鄉原之人。言何以是嘐嘐若有大志也。其言行不顧。則亦稱曰古之人。

古之人行何爲踽踽涼涼有威儀如無所施之貌也鄉原者外欲慕古之人而其心曰古之人何爲空自踽踽涼涼而生於今之世無所用之乎以爲生斯世但當取爲人所善善人則可矣其實但爲合衆之行媚愛也故閹然大見愛於世也若是者謂之鄉原也○〔行〕並去聲〔爲〕于僞反〔踽〕俱禹反〔閹〕音奄

萬子曰一鄉皆稱原人焉無所往而不爲原人孔子以爲德之賊何哉

萬子即萬章也孟子録之以其不解於聖人之意故謂之萬子子男子之通稱也美之者欲以責之也萬章言人皆以爲原善所至亦謂之善人若是孔子以爲賊德何爲也

曰非之無舉也刺之無刺也同乎流俗合乎汙

世居之似忠信行之似廉絜衆皆悅之自以爲是而不可與入堯舜之道故曰德之賊也

孟子言鄉原之人能匿蔽其惡非之無可舉者刺之無可刺者志同於流俗之人行合於汙亂之世爲人謀居其身若似忠信行其身若似廉絜爲行矣衆皆悅美之其人自以所行爲是而無仁義之實故不可與入堯舜之道也無德而人以爲有德故曰德之賊也○汙音烏又烏故反

孔子曰惡似而非者惡莠恐其亂苗也惡佞恐其亂義也惡利口恐其亂信也惡鄭聲恐其亂樂也惡紫恐其亂朱也惡鄉

原恐其亂德也似眞而非眞者。孔子之所惡也。莠莖葉似苗。佞人詐飾。似有義者。利口辯辭。似若有信。鄭聲淫人之聽。似若美樂。紫色似朱赤也。鄉原惑衆。似有德者。此六似者。皆孔子之所惡也。○惡竝去聲莠音誘君子反經而已矣。經正則庶民興庶民興斯無邪慝矣經。常也。反。歸也。君子治國家。歸其常經。謂以仁義禮智道化之。則衆民興起而家給人足矣。倉廩實而知禮節。安有爲邪惡之行也。章指言士行有科。人有等級。中道爲上。狂獧不合。似是而非。色厲內荏。鄉原之惡。聖人所甚。反經身行。民化於己。子率而正。孰敢不正也。○慝吐得反

孟子曰由堯舜至於湯五百有餘歲若禹臯

陶則見而知之若湯則聞而知之言五百歲聖人一出。天道之常也。亦有遲速。不能正五百歲。故言有餘歲也。見而知之。謂輔佐也。通於大賢次聖者。亦得與在其間。親見聖人之道而佐行之。言易也。聞而知之者。聖人相去卓遠數百歲之間。變故衆多。踰聞前聖所行。追而遵之。以致其道。言難也。由湯至於文王五百有餘歲若伊尹萊朱則見而知之若文王則聞而知之伊尹。摯也。萊朱。亦湯賢臣也。一曰仲虺是也。春秋傳曰。仲虺居薛。爲湯左相。是則伊尹爲右相。故二人等德也。由文王至於孔子五百有餘歲若太公望散宜生則見而知之若孔子則聞而知之大公望呂尚也號曰師尚父散宜生文王四臣之一也呂尚有勇謀而爲將散宜生有文德而爲相故以相配而言之也○散素但反

由孔子而來至於今百有餘歲去聖人之世若此其未遠也近聖人之居若此其甚也然而無有乎爾則亦無有乎爾至今者至今之世當孟子時也聖人之間必有大賢名世者百有餘年適可以出未爲遠而無有也鄒魯相近傳曰魯擊柝聞於邾近之甚也言己足以識孔子之道能奉而行之既不遭値聖人若伊尹呂望之爲輔佐猶可應備名世如傳說之中出於殷高宗也然而世謂之無有此乃天不欲

使我行道也。故重言之。知天意之審也。言則亦者。非實無有也。則亦當使爲無有也。乎爾者。歎而不怨之辭也。章指言天地剖判。開元建始。三皇以來。人倫攸敘。弘析道德班垂文采。莫貴乎聖人。聖人不出。名世承間。雖有斯限。蓋有遇不遇焉。是以仲尼至獲麟而止筆。孟子以無有乎爾終其篇章。斯亦一契之趣也。

孟子卷第十四

元岳氏本孝經

唐　唐玄宗注　唐　陸德明釋文

元岳氏荆谿家塾刻本

五福五代堂古稀天子寶

八徵耄念之寶

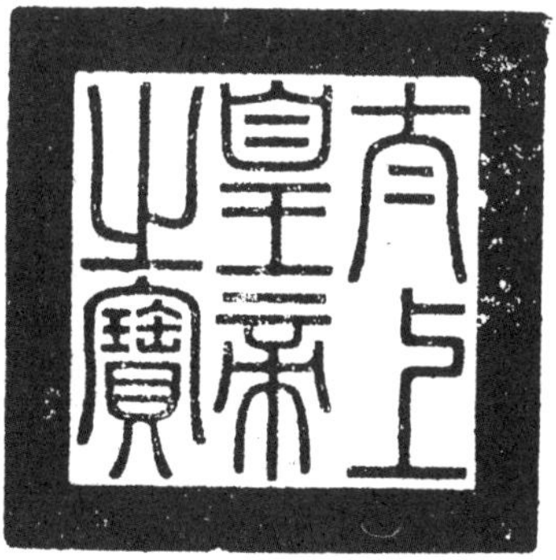
太上皇帝之寶

孝經序

唐玄宗皇帝御製

朕聞上古其風朴略，雖因心之孝已萌，而資敬之禮猶簡。及乎仁義既有，親譽益著。聖人知孝之可以教人也，故因嚴以教敬，因親以教愛。於是以順移忠之道昭矣，立身揚名之義彰矣。子曰：「吾志在春秋，行在孝經。」○行，下孟反，下同。是知孝者德之本歟。經曰：「昔者明王之以孝理天下也。不敢遺小國之臣。而況於公侯伯子男乎。朕嘗三復斯言。（三息暫反）景行先哲。雖無德教加於百姓。庶幾廣愛刑于四海。嗟乎。夫子没而微言絕。異端起而大義乖。況泯絕於秦。（泯彌忍反）得之者皆煨燼之末。（煨烏恢反 燼徐忍反）濫觴於漢。（濫盧闞反）傳之者皆糟粕之餘。（粕匹角反）故魯史春秋學開五傳。國風雅頌分爲四詩。去聖逾遠。源流益别。近觀孝經舊註。

踳駮尤甚。（踳）尺尹反（駮）北角反至於跡相祖述殆且百家。（殆）音待業擅專門猶將十室希升堂者必自開戶牖攀逸駕者必騁殊軌轍。（騁）丑郢反是以道隱小成言隱浮僞且傳以通經爲義。（傳）直戀反義以必當爲主至當歸一精義無二安得不翦其繁蕪。（當）去聲下同而撮其樞要也韋昭王肅先儒之領袖虞翻劉邵抑又次焉劉炫明安國之本。（炫）音縣陸澄譏康成之註在理或當何必求人今故特舉六家之異同會五經之旨趣趣七聚反約文敷暢義則昭然分註錯經理亦條貫寫之琬琰琬音宛琰以冉反庶有補於將來且夫子談經志取垂訓雖五孝之用則別而百行之源不殊是以一章之中凡有數句一句之內意有兼明具載則文繁略之又義闕今存于疏用廣發揮

孝經一卷

開宗明義章第一

仲尼居仲尼。孔子字。居。謂閒居曾子侍曾子。孔子弟子。侍。謂侍坐子曰。先王有至德要道。以順天下。民用和睦。上下無怨。孝者德之至。道之要也。言先代聖德之主。能順天下人心。行此至要之化。則上下臣人和睦無怨女知之乎。曾子避席曰。參不敏。何足以知之。參。曾子名也。禮。師有問。避席起荅。敏。達也。言參不達。何足知此至要之義。女音汝。下同子曰。夫孝德之本也。人之行莫大於孝。故為德本。夫音符。後竝同教之所由生也言教從孝而生復坐吾語女曾參起對。故使復坐。語去聲身體髮膚受之父母不敢毀傷孝之始也父母全而生之。己當全而歸之。故不敢毀傷立身行道揚名於後世以顯父母孝之終也言能立身行此孝道。自然名揚後世。光榮其親。故行孝以不毀爲先。揚名爲後夫孝始於事親中於事君終於立身言行孝以事親爲始。事君爲中。忠孝道著。乃能揚名榮親。故曰終於立身也大雅云無念爾祖聿脩厥德詩大雅也。無念。念也。聿。述也。厥。其也。義取恒念先祖。述脩其德

天子章第二

子曰：愛親者不敢惡於人（博愛也。○惡，烏路反）敬親者不敢慢於人也（廣敬）愛敬盡於事親，而德教加於百姓，刑于四海（刑，法也。君行博愛廣敬之道，使人皆不慢惡其親，則德教加被天下，當爲四夷之所法則也。○盡，津忍反）蓋天子之孝也（蓋，猶略也。孝道廣大，此略言之）甫刑云：一人有慶，兆民賴之（甫刑，即尚書呂刑也。一人，天子也。慶，善也。十億曰兆。義取天子行孝，兆人皆賴其善）

諸侯章第三

在上不驕，高而不危；諸侯。列國之君。貴在人上。可謂高矣。而能不驕。則免危也。制節謹度，滿而不溢。費用約儉。謂之制節。慎行禮法。謂之謹度。無禮爲驕。奢泰爲溢。○溢音逸。高而不危，所以長守貴也；滿而不溢，所以長守富也。富貴不離其身，然後能保其社稷，而和其民人，列國皆有社稷。其君主而祭之。蓋諸侯之孝也。言富貴常在其身。則長爲社稷之主。而人自和平也。○離力智反。《詩》云：「戰戰兢兢，如臨深淵，如履薄冰。」戰戰。恐懼。兢兢。戒慎。臨深恐墜。履薄恐陷。義取爲君恒須戒慎。○兢居陵反。

卿大夫章第四

非先王之法服。不敢服。服者身之表也。先王制五服。各有等差。言卿大夫遵守禮法。不敢僭上偪下。非先王之法言。不敢道。非先王之德行。不敢行。法言。謂禮法之言。德行。謂道德之行。若言非法。行非德。則虧孝道。故不敢也。○德行下孟反。註之行。下擇行。行滿同。是故非法不言。非道不行。言必守法。行必遵道。口無擇言。身無擇行。言行皆遵法道。所以無可擇也。言滿天下無口過。行滿天下無怨惡。禮法之言。焉有口過。道德之行。自無怨惡。○惡去聲。三者備矣。然後能守其宗廟（三者。服言行也。禮。卿大夫立三廟以奉先祖。言能備此三者。則能長守宗廟之祀）蓋卿大夫之孝也。詩云。夙夜匪懈。以事一人（夙。早也。懈。惰也。義取爲卿大夫。能早夜不惰。敬事其君也。○懈佳賣反）

士章第五

資於事父以事母。而愛同。資於事父以事君。而敬同（資。取也。言愛父與母同。敬父與君同）故母取其愛。而君取其敬。兼之者父也（言事父兼愛與敬也）故以孝事君則忠移事父孝以事於君。則爲忠矣以敬事長則順移事兄敬以事於長。則爲順矣忠順不失。以事其上。然後能保其祿位。而守其祭祀能盡忠順以事君長。則常安祿位。永守祭祀蓋士之孝也。詩云。夙興夜寐。無忝爾所生忝。辱也。所生。謂父母也。義取早起夜寐。無辱其親也。○忝吐簟反

庶人章第六

用天之道春生。夏長。秋斂。冬藏。舉事順時。此用天道也分地之利分別。五土。視其高下。各盡所宜。此分地利也謹身節用。以養父母

身恭謹則遠恥辱。用節省則免飢寒。公賦既足則私養不闕。養羊尚反此庶人之孝也庶人為孝。唯此而已故自天子至於庶人孝無終始而患不及者未之有也始自天子。終於庶人。尊卑雖殊。孝道同致。而患不能及者。未之有也。言無此理。故曰未有

三才章第七

曾子曰甚哉孝之大也參聞行孝無限高卑。始知孝之為大也

子曰夫孝天之經也地之義也民之行也經常也。利物為義。孝為百行之首。人之恒德。若三辰運天而有常。五土分地而為義也。○行下

（孟反。下同）天地之經，而民是則之。（天有常明，地有常利，言人法則天地，亦以孝爲常行也）則天之明，因地之利，以順天下。是以其教不肅而成，其政不嚴而治。（法天明以爲常，因地利以行義。順此以施政教，則不待嚴肅而成理也）先王見教之可以化民也，（見因天地教化人之易也）是故先之以博愛，而民莫遺其親；（君愛其親，則人化之，無有遺其親者）陳之以德義，而民興行；（陳説德義之美，爲衆所慕，則人起心而行之）先之以敬讓，而民不爭；（君行敬讓，則人化而不爭）導之以禮樂，而民和睦禮以檢其跡。樂以正其心。則和睦矣。示之以好惡而民知禁。示好以引之。示惡以止之。則人知有禁令。不敢犯也。○好如字。又呼報反。惡如字。又烏路反。詩云。赫赫師尹。民具爾瞻。赫赫。明盛貌也。尹氏爲太師。周之三公也。義取大臣助君行化。人皆瞻之也。

孝治章第八

子曰。昔者明王之以孝治天下也。言先代聖明之王。以至德要道化人。是爲孝理。不敢遺小國之臣。而況於公侯伯子男乎。小國之臣。至卑者耳。王尚接之以禮。況於五等諸侯。是廣敬也。故得萬國之懽心，以事其先王。萬國，舉其大數也。言行孝道以理天下，皆得懽心，則各以其職來助祭也。治國者不敢侮於鰥寡，而況於士民乎。理國，謂諸侯也。鰥寡，國之微者，君尚不敢輕侮，況知禮義之士乎。侮，亡甫反。鰥，古頑反。故得百姓之懽心，以事其先君。諸侯能行孝理，得所統之懽心，則皆恭事助其祭享也。治家者不敢失於臣妾，而況於妻子乎。理家，謂卿大夫。臣妾，家之賤者。妻子，家之貴者。故得人之懽心，以事其親。卿大夫位以材進，受祿養親，若能孝理其家，則得小大之懽心，助其奉養。夫然，故生則親安之。

祭則鬼享之。夫然者。然上孝理皆得懽心。則存安其榮。沒享其祭。是以天下和平。災害不生。禍亂不作。上敬下懽。存安沒享。人用和睦。以致太平。則災害禍亂無因而起也。故明王之以孝治天下也如此。言明王以孝爲理。則諸侯以下化而行之。故致如此福應。詩云。有覺德行。四國順之。覺。大也。義取天子有大德行。則四方之國順而行之也。○行。下孟反。下之行同。

聖治章第九

曾子曰。敢問聖人之德。無以加於孝乎。曾子問明王孝理以致和平。又問聖人德教。更有大於孝否子曰。天地之性人。爲貴貴其異於萬物也人之行莫大於孝孝者德之本也孝莫大於嚴父萬物資始於乾。人倫資父爲天。故孝行之大。莫過尊嚴其父也嚴父莫大於配天。則周公其人也謂父爲天。雖無貴賤。然以父配天之禮。始自周公。故曰其人也昔者周公郊祀后稷以配天后稷。周之始祖也。郊。謂圜丘祀天也。周公攝政。因行郊天之祭。乃尊始祖以配之也宗祀文王於明堂。以配上帝明堂。天子布政之宮也。周公因祀五方上帝於明堂。乃尊文王以配之也是以四海之內。各以其職來祭君行嚴配之禮。則德教刑於四海。海內諸侯各脩其職來助祭也夫聖人之德。又何以加於孝乎言無大於孝者故親生之膝下。以養父母日嚴親猶愛也。膝下謂孩幼之時也。言親愛之心。生於孩幼。比及年長。漸識義方。則日加尊嚴。能致敬於父母也。○養羊尚反聖人因嚴以教敬。因親以教愛聖人因其親嚴之心。敦以愛敬之教。故出以就傅。趨而過庭。以教敬也。抑搔癢痛。縣衾篋枕。以教愛也聖人之教不肅而成。其政不嚴而治聖人順民心以行愛敬。制禮則以施政教。亦不待嚴肅而成理也其所因者本也本。謂孝也父子之道天性也君臣之義也父子之道天性之常加以尊嚴又有君臣之義父母生之續莫大焉父母生子傳體相續人倫之道莫大於斯君親臨之厚莫重焉謂父爲君以臨於己恩義之厚莫重於斯故不愛其親而愛他人者謂之悖德不敬其親而敬他人者謂之悖禮言盡愛敬之道然後施教於人違此則於德禮爲悖也○悖蒲對反以順則逆民無則焉行教以順人心今自逆之則下無所法則也不在於善而皆在於凶德善謂身行愛敬也凶謂悖其德禮也雖得之君子不貴也言悖其德禮雖

得志於人上。君子之所不貴也。君子則不然，不悖德禮也。言思可道，行思可樂，思可道而後言。人必信也。思可樂而後行。人必悅也。○(行)下孟反。(樂)音洛。德義可尊，作事可法，立德行義。不違道正。故可尊也。制作事業。動得物宜。故可法也。容止可觀，進退可度，容止。威儀也。必合規矩。則可觀也。進退。動靜也。不越禮法。則可度也。以臨其民。是以其民畏而愛之，則而象之。君行六事。臨於其人。則下畏其威。愛其德。皆放象於君也。故能成其德教，而行其政令。上正身以率下。下順上而法之。則德教成。政令行也。詩云：淑人君子，其儀不忒。淑。善

也。忒差也。義取君子威儀不差。爲人法則。○(淑)常六反(忒)他得反

紀孝行章第十○(行)下孟反

子曰。孝子之事親也。居則致其敬平居必盡其敬養則致其樂就養能致其懽。○(養)羊尚反。下同(樂)音洛病則致其憂色不滿容。行不正履。○疾甚曰病喪則致其哀擗踊哭泣。盡其哀情祭則致其嚴齋戒沐浴。明發不寐五者備矣。然後能事親五者闕一。則未爲能事親者居上不驕當莊敬以臨下也爲下不亂當恭謹以奉上也在醜不爭醜。衆也。爭。競也。當和順以從衆也

居上而驕則亡。爲下而亂則刑。在醜而爭則兵。謂以兵刃相加。三者不除。雖日用三牲之養。猶爲不孝也。三牲。太牢也。孝以不毀爲先。言上三事皆可亡身。而不除之。雖日致太牢之養。固非孝也。

五刑章第十一

子曰。五刑之屬三千。而罪莫大於不孝。五刑。謂墨。劓。剕。宮。大辟也。條有三千。而罪之大者。莫過不孝。要君者無上。君者臣之稟命也。而敢要之。是無上也。要於驕反。非聖人者無法。聖人制作禮法。

而敢非之。是無法也。**非孝者無親**善事父母爲孝。而敢非之。是無親親也。**此**

大亂之道也言人有上三惡。豈惟不孝。乃是大亂之道

廣要道章第十二

子曰。教民親愛莫善於孝。教民禮順莫善於悌言教人親愛禮順。無加於孝悌也**移風易俗莫善於樂**風俗移易先入樂聲。變隨人心。正由君德。正之與變。因樂而彰。故曰莫善於樂**安上治民莫善於禮**禮所以正君臣父子之別。明男女長幼之序。故可以安上化下也**禮者敬而已矣**敬者禮之本也**故敬其父則子悅。**

敬其兄則弟悦。敬其君則臣悦。敬一人。而千萬人悦居上敬下盡得懽心。故曰悦也所敬者寡。而悦者衆。此之謂要道也

廣至德章第十三

子曰。君子之教以孝也。非家至而日見之也言教不必家到戸至。日見而語之。但行孝於内。其化自流於外教以孝。所以敬天下之爲人父者也。教以悌。所以敬天下之爲人兄者也舉孝悌以爲教。則天下之爲人子弟者。無不敬其父兄也。

教以臣所以敬天下之爲人君者也舉臣道以爲教

則天下之爲人臣者。無不敬其君也詩云愷悌君子民之父母愷。樂也。悌。易也。義取君以樂易之道化人。則爲天下蒼生之父母也。○愷苦亥反悌徒禮反

非至德其孰能順民如此其大者乎

廣揚名章第十四

子曰君子之事親孝故忠可移於君以孝事君則忠事兄悌故順可移於長以敬事長則順○長丁丈反居家理故治可移於官君子所居則化故可移於官也是以行成

於內而名立於後世矣脩上三德於內名自傳於後代○行下孟反

諫爭章第十五○爭去聲篇內並同

曾子曰若夫慈愛恭敬安親揚名則聞命矣敢問子從父之令可謂孝乎事父有隱無犯又敬不違故疑而問之也子曰是何言與是何言與有非而從成父不義理所不可故再言之○與平聲昔者天子有爭臣七人雖無道不失其天下諸侯有爭臣五人雖無道不失

其國。大夫有爭臣三人。雖無道。不失其家降殺以兩。尊卑之差。爭謂諫也。言雖無道。爲有爭臣。則終不至失天下亡家國也士有爭友。則身不離於令名令。善也。益者三友。言受忠告。故不失其善名。○離力智反父有爭子。則身不陷於不義父失則諫。故免陷於不義故當不義。則子不可以不爭於父。臣不可以不爭於君不爭則非忠孝故當不義則爭之。從父之令。又焉得爲孝乎○焉於虔反

應感章第十六

子曰。昔者明王事父孝。故事天明。事母孝。故事地察。王者父事天。母事地。言能敬事宗廟。則事天地能明察也。長幼順。故上下治。君能尊諸父。先諸兄。則長幼之道順。君人之化理。天地明察。神明彰矣。事天地能明察。則神感至誠而降福祐。故曰彰也。故雖天子。必有尊也。言有父也。必有先也。言有兄也。父謂諸父。兄謂諸兄。皆祖考之胤也。禮。君讌族人。與父兄齒也。宗廟致敬。不忘親也。言能敬事宗廟。則不敢忘其親也。脩身慎行。恐辱先也。天子雖無上於天下。猶脩持其身。謹慎其行。恐辱先祖而毀盛業也。宗廟致敬鬼神著矣事宗廟能盡敬。則祖考來格。享於克誠。故曰著也孝悌之至通於神明光于四海無所不通能敬宗廟。順長幼。以極孝悌之心。則至性通於神明。光於四海。故曰無所不通詩云自西自東自南自北無思不服義取德教流行。莫不服義從化也

事君章第十七

子曰君子之事上也上。謂君也進思盡忠進見於君。則思盡忠節退思補過君有過失。則思補益將順其美將。行也。君有美善。則順而行之匡救其惡匡。正也。救。止也。君有過惡。則正而止之故上

下能相親也下以忠事上。上以義接下。君臣同德。故能相親。詩云：心乎愛矣，遐不謂矣。中心藏之，何日忘之？遐。遠也。義取臣心愛君。雖離左右。不謂爲遠。愛君之志。常藏心中。無日暫忘也。

喪親章第十八

子曰：孝子之喪親也，生事已畢。死事未見。故發此章。○喪如字。又丁浪反。哭不偯，氣竭而息。聲不委曲。○偯於豈反。禮無容，觸地無容。言不文，不爲文飾。服美不安，不安美飾。故服衰麻。聞樂不樂，悲哀在心。故不樂也。○不樂音洛。食旨不甘，旨。美也。不甘美味。故疏食水飲。此哀慼之情也謂上六句三日而食。教民無以死傷生。毀不滅性。此聖人之政也不食三日。哀毀過情。滅性而死。皆虧孝道。故聖人制禮施教。不令至於殞滅喪不過三年。示民有終也三年之喪。天下達禮。使不肖企及。賢者俯從。夫孝子有終身之憂。聖人以三年爲制者。使人知有終竟之限也爲之棺椁衣衾而舉之周尸爲棺。周棺爲椁。衣。謂斂衣。衾。被也。舉。謂舉尸內於棺也。椁音郭陳其簠簋而哀慼之簠簋。祭器也。陳奠素器而不見親。故哀慼也。簠音甫。簋音軌擗踴哭泣哀以送之男踴女擗。祖載送之。擗婢亦反。踊音勇卜其宅

兆。而安措之。宅。墓穴也。兆。塋域也。葬事大。故卜之。兆。卦也。廣雅云。葬地

爲之宗廟以鬼享之。立廟祔祖之後。則以鬼禮享之。春秋祭

祀以時思之。寒暑變移。益用增感。以時祭祀。展其孝思也。生事愛

敬。死事哀慼。生民之本盡矣。死生之義備矣。

孝子之事親終矣。愛敬哀慼。孝行之始終也。備陳死生之義。以盡孝子

孝經一卷

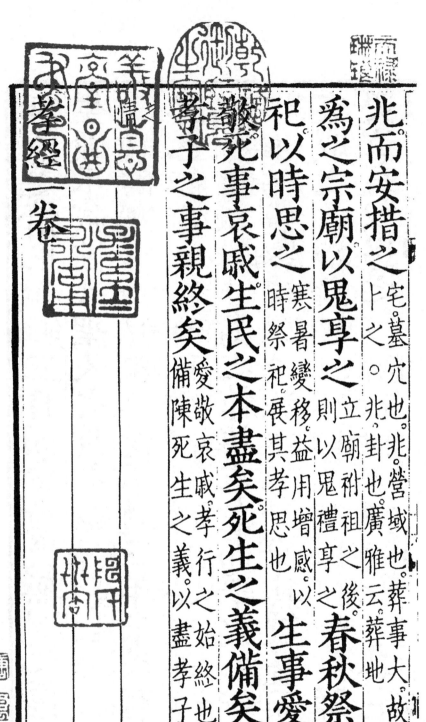

五福五代堂古稀天子寶

八徵耄念之寶

太上皇帝之寶

戊辰二月建德周氏重装